James B. Richards

Gnade – die Kraft zur Veränderung

James B. Richards

Gnade

Die Kraft zur Veränderung

Grace today
Verlag

Die amerikanische Originalausgabe unter dem Titel *Grace: The Power To Change*
erschien bei Impact Ministries, Publications Department, 3300 N. Broad Place,
Huntsville, AL 35805, USA, www.impactministries.com

Die deutsche Übersetzung wurde vermittelt und koordiniert durch: *Wimberger Ministry*,
Sankt Peter Straße 13, A-4240 Freistadt, Österreich, Tel/Fax 0043 (0) 79 4272262

Die Deutsche Nationalbibliothek verzeichnet diese Publikation in der Deutschen Nationalbibliografie; detaillierte bibliografische Daten sind im Internet über http://dnb.dnb.de abrufbar.

Bibelzitate, sofern nicht anders angegeben, wurden der Einheitsübersetzung entnommen.
Copyright © 1980 Kath. Bibelanstalt GmbH, Stuttgart. Alle Rechte vorbehalten. Alle Bibelübersetzungen wurden mit freundlicher Genehmigung der Verlage verwendet.
Hervorhebungen einzelner Wörter oder Passagen und Klammerzusätze innerhalb von Bibelzitaten wurden vom Autor vorgenommen.

ELB *Revidierte Elberfelder Bibel* © 1985, 1991, 2006, SCM R.Brockhaus im SCM Verlag GmbH & Co. KG, Witten.

SLT Bibeltext der *Schlachter Übersetzung*, Copyright © 2000 Genfer Bibelgesellschaft.

KJV *King James Version*. Zitate wurden aus dem Englischen übersetzt.

Umschlaggestaltung: spoon design, Olaf Johannson
Übersetzung: Romedi und Irene Pitsch, Sonja Lengauer
Korrektorat: Thilo Niepel
Satz: Grace today Verlag
Druck: CPI – Clausen & Bosse, Leck
Printed in Germany

1. Auflage 2018

Paperback: ISBN 978-3-95933-095-4, Bestellnummer: 372095
E-Book: ISBN 978-3-95933-096-1, Bestellnummer: 372096

www.gracetoday.de

Dieses Buch wird dem Schriftsteller, Prediger und persönlichen Freund Robert Paul Lamb gewidmet. Deine Ermutigung und Hilfestellung haben mich zum Schreiben gebracht. Tausenden von Menschen konnte geholfen werden, weil du mir geholfen hast, mein erstes Buch zu schreiben und zu veröffentlichen. Ich danke dir.

INHALTSVERZEICHNIS

Kapitel 1	Gnade – die Kraft zur Veränderung	8
Kapitel 2	Gnade – Gottes Fähigkeit	*18*
Kapitel 3	Die Gnade Jesu	*25*
Kapitel 4	Wo die Sünde mächtig wurde	*30*
Kapitel 5	In meiner Schwachheit	*40*
Kapitel 6	Gnade statt Sünde	*49*
Kapitel 7	Die vielfältige Gnade Gottes	*56*
Kapitel 8	Gnade im Herzen	*66*
Kapitel 9	Gnade durch Gerechtigkeit	*73*
Kapitel 10	Der Brustpanzer der Gerechtigkeit	*83*
Kapitel 11	Die Tür zum Herzen	*94*
Kapitel 12	Heraus aus dem Grab	*105*
Kapitel 13	Die Zeit der Not	*113*
Kapitel 14	Von Sünde befreit	*123*
Kapitel 15	Wie Gottes Gnade behindert wird	*137*
Kapitel 16	Die Versuchung überwinden	*144*
Kapitel 17	Die Gnade zur Veränderung	*153*
Kapitel 18	Betrachtung des Herzens	*160*
Kapitel 19	Vollendete Gnade	*169*
Kapitel 20	Mühelose Veränderung	*175*
Kapitel 21	Die Wahrheit über Gott	*184*

Bibliografie *191*

Über den Autor *193*

Über Impact Ministries *195*

Kapitel 1

Gnade – Die Kraft zur Veränderung

Die wahrscheinlich größte Frustration erleben ernsthafte Gläubige, weil sie es nicht schaffen, sich zu verändern. Im Großen und Ganzen scheint es, dass Christen ihre Probleme ein Leben lang behalten. Dies ist nicht der Wille Gottes für den Christen. Dennoch sehen wir in den meisten Fällen diesen Tatbestand.

Ich habe viele Situationen beobachtet, in denen Individuen in eine Falle tappen, aus der sie sich anscheinend nicht befreien können. Dies ist für die meisten Menschen die größte Frustration auf ihrem Weg mit Gott. Doch das muss nicht so bleiben.

Wenn jemand errettet wird, gibt es normalerweise in vielen Bereichen eine sofortige Veränderung, doch ist diese Veränderung nur kurzlebig. Es scheint, dass sehr viele Gläubige in die Sünden zurückfallen, an die sie gebunden waren, bevor sie zum Herrn kamen. Es bleibt dann meistens nicht bei diesen offensichtlichen Schwierigkeiten, sondern dies veranlasst viele Neubekehrte, die Wirklichkeit ihrer Heilserfahrung in Frage zu stellen.

Wenn jemand in die Sünde zurückfällt, bedeutet das nicht, dass die Heilserfahrung nicht echt war. Normalerweise fällt man durch Unwissenheit oder Unglauben in Bezug auf den Wandel in der Gnade Gottes in Sünde zurück. Die Bibel versichert uns, dass das Empfangen und Verharren in der Gnade die einzige Möglichkeit ist, über die Sünde zu siegen. In Römer 6,14 (ELB) steht: *»Denn* *die Sünde wird nicht über euch herrschen, denn ihr seid nicht unter Gesetz, sondern unter Gnade.«*

Dann gibt es die Sünden, in die wir fallen, nachdem wir wiedergeboren sind. Als erfahrener Seelsorger habe ich beobachtet, wie selten etwas erfolgreich überwunden wird, wenn es einmal von einem Gläubigen Besitz ergriffen hat. Wenn ein Problem erst einmal zur Gewohnheit wurde, ist es meist ein Leben lang da. Aus diesem Grund müssen wir vor allem unser Herz behüten. Werden unsere Herzen je mit Sünde angesteckt, dann scheint es unmöglich, diese zu überwinden.

Gnade sichert uns den Sieg über Sünde.

Deshalb ist es allein die Gnade, die bestimmt, ob das christliche Leben ein Leben in Glück, Frieden, Ruhe und Sieg oder eines in Schwierigkeiten, Frustration und Niederlage sein wird. Wenn ein Neubekehrter auf dieselbe Weise mit dem Herrn weitergehen würde, wie er zum Herrn kam, könnte keines dieser Probleme jemals auftreten. »*Wie ihr nun den Christus Jesus, den Herrn, empfangen habt, so wandelt in ihm*« (Kol 2,6 ELB).

Es war ein vollständiges Werk

Die größte Veränderung, die sich jemals im Leben eines Menschen ereignet, geschieht im Moment der Errettung. In einem Augenblick verändert sich alles. Diese Veränderung geschieht nur durch einfachen Glauben. In dem Moment, in dem wir Gott vertrauten, kam seine Gnade in uns und wir erfuhren Veränderung.

Wenn nun die größte Veränderung durch unseren Glauben bewirkt wurde, weshalb verbleiben wir dann nicht einfach in demselben schlichten Glauben? Oder, wie Paulus im Brief an die Galater (Gal 3,3 ELB) schrieb: »*Seid ihr so unverständig? Nachdem ihr im Geist angefangen habt, wollt ihr jetzt im Fleisch vollenden?*«

Mit anderen Worten: Als du diese Errettung erfuhrst, hat der Geist Gottes in dir ein Werk begonnen. Glaubst du, dass du nun, wo du errettet bist, dieses Werk durch deine eigene Fähigkeit vollenden wirst? Die Antwort ist offensichtlich: Nein! Genauso sicher, wie du dich nicht selbst durch deine Bemühungen erretten konntest, kannst du auch keine Veränderung durch deine Anstrengungen herbeiführen. Du wirst nicht durch Gnade errettet und dann durch Werke in Gerechtigkeit geführt.

Als du zu Jesus kamst, gab dir Gott ein neues Herz und einen neuen Geist. »*Ich schenke euch ein neues Herz und lege einen neuen Geist in euch. Ich nehme das Herz von Stein aus eurer Brust und gebe euch ein Herz von Fleisch*« (Hes 36,26). Dein Geist wurde nicht nur neu geschaffen; er wurde auch gerecht, vollendet und komplett gemacht. Dein Geist ist nicht als kleines Baby geschaffen worden, das erst heranwachsen muss. Gott tat ein vollendetes Werk in dir. Dein Geist ist so vollständig, rein, gerecht und vollendet, wie er es für ewig sein wird.

Du brauchst nicht erst gerecht zu werden, deine Not besteht darin, wie du das, was in deinem Geist ist, in deinem Leben zur Auswirkung bringst. Wie wird das, was du im Innern bereits hast, nach außen hin wirksam? Wie bekommst du all diese Gerechtigkeit, Heiligkeit und Vollkommenheit in deine Lebensbereiche hinein?

Dein Herz ist die Türe

Alles, was Gott in deinem Geist gewirkt hat, kommt durch dein Herz in dein Leben. Der Zustand des Herzens bestimmt, was aus deinem Geist herausfließen wird. Als du einen neuen Geist bekamst, erhieltst du auch ein neues Herz. Das Herz und der Geist sind offensichtlich nicht das Gleiche. Für Herz und Geist gibt es im Hebräischen verschiedene Wörter, genauso wie es auch im Griechischen verschiedene Wörter für Herz und Geist gibt. Zusätzlich werden die Funktionen der beiden verschieden beschrieben.

Das Herz ist der Sitz deiner Person, der Sitz von dem, wer du wirklich bist. Das Herz ist der Ort, an dem sich verbindet, wer du in deinem Geist und wer du in deiner Seele bist. Alles, wozu dich Gott im Geist durch deine Neugeburt gemacht hat, kommt mit den Gedanken, Überzeugungen und Gefühlen der Seele zusammen. All dies zusammen verbunden, ergibt dein wahres Selbst.

Bei deiner Neugeburt machte Gott auch dein Herz neu. Alle Verletzungen und Ängste der Vergangenheit wurden geheilt. An Gott zu glauben, wurde plötzlich einfach. Du bekamst neue Gefühle in Bezug auf beinahe alles, aber das meiste war nicht von langer Dauer. Weshalb?

Während unser Geist nur durch Gott verändert werden kann, kann unser Herz nur durch unser Denken verändert werden. Was wir denken, welchen Dingen wir uns aussetzen, welche Gedanken wir übernehmen, all das bewegt und beeinflusst unser Herz. Die meisten von uns bringen es zustande, das Werk, das Gott in uns vollbracht hat, zu zerstören und bauen somit eine Schranke auf, welche verhindert, dass Gottes Leben auch in unsere Seele und in unseren Körper fließen kann.

Erinnere dich: Das Herz ist der Tunnel, durch den das Leben Gottes, das in unserem Geist ist, den übrigen Teil unseres Wesens erreicht. Unser Geist kann voller Leben, Heilung, Freude und Integrität sein, doch der Zustand unseres Herzens kann verhindern, dass sich all dies in unserem gesamten Sein auswirkt.

Wenn wir die Freude an unserer Errettung, den Sieg über die Sünde und alles andere, das Gott uns bei der Bekehrung gab, verlieren, so ist dies nicht eine Widerspiegelung des Zustandes unseres Geistes, sondern des Zustandes unseres Herzens.

Lass mich dir eine Geschichte erzählen, die ich schon hunderte Male gehört habe. Sie geht ungefähr so:

»Ich wurde errettet und alles war großartig. Ich fühlte die Liebe Gottes. Ich war glücklich. Jedes Mal, wenn ich betete, hatte ich den Eindruck, dass Gott mein Gebet hört. Das Leben war so wunderbar. Dann, irgendwann, begann es sich zu ändern. Ich spürte nicht mehr die Freude und den Frieden, die ich gefühlt hatte. Ich verlor das Interesse, in der Bibel zu lesen. Alles schien auszutrocknen.

Ich ging und sprach mit meinem Pastor und er sagte, dass ich, als ich errettet wurde, einem kleinen Christenbaby glich. Danach hätte Gott diese besonderen Dinge deshalb für mich getan, weil ich eben wie ein kleines Baby war. Aber jetzt erwarte Gott, dass ich erwachsen und reif werde. Er erwarte, dass ich auf meinen eigenen Beinen stehe.«

Es noch ernsthafter zu versuchen ist nicht die Lösung.

Alles an diesem Ratschlag scheint sehr vernünftig und praktisch zu sein, jedoch gibt es da ein Problem. Du kannst diese Art von Ratschlag nirgendwo in der Bibel finden. Du hast vielmehr diese Gefühle deshalb verloren, weil sich dein Herz veränderte. Gott änderte sich nicht; Errettung änderte sich nicht; die Bedingungen für Errettung änderten sich nicht – DEIN HERZ ÄNDERTE SICH. Deshalb kannst du nun nicht mehr an dem teilhaben, was Gott für dich bereitet hat.

Die Art von Ratschlag, den die meisten Menschen an diesem Punkt erhalten, bringt sie geradewegs dazu, ihre Hoffnung in ihr Tun, und nicht in die Gnade zu setzen. Hier beginnt es, dass wir anfangen zu versuchen, gut genug für Gott zu werden, damit er uns diese Gefühle wieder gibt. Auf diese Weise startet die emotionale Achterbahnfahrt. Je mehr wir den typisch religiösen Ratschlägen folgen, desto schlimmer wird es. Kein Wunder, dass so viele Menschen einfach aufgeben.

Eine tiefe Frustration

Die Enttäuschung darüber ist uns deshalb so dramatisch bewusst, weil wir um unsere höchste Berufung von Gott wissen. Als Gott den Menschen schuf, war es seine Absicht, dass der Mensch gemäß Gottes Gestalt und Ebenbild leben sollte. Von dieser gottgegebenen Identität und Gerechtigkeit aus würde der Mensch dann in eine vertraute Beziehung mit Gott treten können. Erst als der Mensch die ihm von Gott gegebene Identität ablehnte, verlor er das Vertrauen, eine Beziehung mit Gott haben zu können.

Von Anfang an war der Mensch dazu bestimmt, durch die Macht Gottes dem Bilde Jesu gleichgestaltet zu sein und in einer fortdauernden Liebesbeziehung mit seinem Gott und Vater zu stehen. Dies ist die größte Berufung für den Gläubigen.

Diese Umgestaltung wurde nur durch den Herrn Jesus Christus möglich gemacht. »*Denn die er vorher erkannt hat, die hat er auch vorher bestimmt, dem Bilde seines Sohnes gleichförmig zu sein, damit er der Erstgeborene sei unter vielen Brüdern*« (Röm 8,29 ELB).

Der Mensch wurde mit einem starken Bedürfnis geschaffen, so wie sein Schöpfer zu sein. David drückte es wie folgt aus: »*Ich aber, ich werde dein Angesicht schauen in Gerechtigkeit, werde gesättigt werden, wenn ich erwache, mit deinem Bild*« (Ps 17,15 ELB). Der wiedergeborene Gläubige hat ein Verlangen, in Gottes Ebenbild verwandelt zu werden. Was auch immer wir versuchen – sei es mit diesem Wunsch umzugehen oder ihn zu verdrängen –, er bleibt in uns. Er ist ein Teil unserer neuen Natur. Der Heilige Geist wirkt ununterbrochen in uns, um dies zu vollbringen.

Aus diesem Grund ist das Begehren, sich zu verändern, in jedem Gläubigen sehr stark, außer es wird verdrängt oder verzerrt. Dieses angeborene Bedürfnis ist für viele eine Hauptquelle für Frustration. Wenn Hoffnung nicht erfüllt wird, sagt die Bibel, wird das Herz krank (Spr 13,12). Dies ist besonders dann wahr, wenn das, worauf wir hoffen, eine Veränderung des Charakters ist, die uns von jenen Sünden befreien würde, die wir zu hassen begonnen haben. Wir wünschen, uns zu ändern, doch es scheint unmöglich.

Diese Unfähigkeit zur Veränderung kann viele Gesichter haben. Unterdrückung, Selbstrechtfertigung, Kritik, Gesetzlichkeit oder Depression sind nur einige der vielen fleischlichen Formen, wie man mit dem Problem fertig zu werden versucht. Wenn ein Gläubiger nicht lernt, die Gnade zur Veränderung anzunehmen, wird sein Leben voller Frustrationen und Täuschungen sein.

Wir müssen von ihm lernen

Meine Beobachtung war, dass sich die meisten Christen ändern wollen. SIE WISSEN NUR NICHT WIE. Für viele entwickelt sich der Hunger nach Veränderung zum lebenslangen Kampf mit dem

Fleisch, was zu einer Werksmentalität führt. Obwohl diese Menschen vielleicht moralisch gut leben, gibt es nur wenig innere Siege. Ihre Gedanken wüten noch immer in ihnen. Sie mögen sogar von Seminar zu Seminar oder von Seelsorger zu Seelsorger gehen und nach dem »gesalbten, geheimen Rezept« suchen, das sie befreien würde. Wahrer Sieg geht aber weit über Verhalten und Leistung hinaus. Richtiges Verhalten hat nur wenig Wert, wenn wir dabei innerlich das Verlangen haben, anders zu handeln.

Wahrer Sieg bedeutet nicht, von der Sünde fortzulaufen, während man sich gleichzeitig danach sehnt, ihr nachzugeben. Wahrer Sieg bedeutet, sich mit einem tiefen Gefühl von Freude, Frieden und Genugtuung von der Sünde abzuwenden.

Gott hat etwas Besseres als »in den sauren Apfel zu beißen«. Es ist nicht sein Wille, dass der Weg des Christen so schwierig sei. Es ist sein Wille, dass wir durch den Geist des Herrn von Herrlichkeit zu Herrlichkeit verwandelt werden (2Kor 3,18). Jesus sagte: *»Kommt alle zu mir, die ihr euch plagt und schwere Lasten zu tragen habt, ich werde euch Ruhe geben«* (Mt 11,28). Wenn dein Christenleben voller Anstrengung und Bürde war, ist es Zeit, dass du zu Jesus kommst. Du sagst vielleicht: »Ich bin bereits zu Jesus gekommen. Ich wurde wiedergeboren, ich weiß, dass ich gerettet bin. Ich muss nicht erst zu Jesus kommen.« Oh ja, das musst du! Du musst zu Jesus kommen und von ihm lernen, damit du Ruhe finden kannst. Du bist vielleicht Jesus begegnet, aber nun ist es Zeit, dass du von IHM LERNST.

Die Kinder Israels sind ein »Modell« bzw. ein Beispiel für uns. Wir können aus ihren Fehlern lernen. Sie weigerten sich, in die Ruhe einzutreten. Sie weigerten sich, Gott zu vertrauen und sich die Siege von ihm schenken zu lassen. Er wollte, dass sie in das versprochene Land gingen. Er wollte, dass sie in Häusern lebten, die sie nicht gebaut hatten, und dass sie Früchte essen würden, die sie nicht gepflanzt hatten. Mit anderen Worten, sie sollten die Früchte der Arbeit eines anderen genießen.

Aber sie wollten nicht in das verheißene Land gehen. Sie schauten auf den Feind. Sie schauten auf die Hindernisse. Sie schauten auf die Riesen und sie sagten: »Wir schaffen das nicht!« Gott wusste, dass sie es nicht schaffen konnten. Er erwartete nicht von ihnen, dass sie es aus eigener Kraft tun. Er sagte, dass er den Feind austreiben würde. Doch sie vertrauten IHM nicht. Wie es in Hebräer 3,19 heißt *»Und wir sehen, dass sie wegen ihres Unglaubens nicht hineinkommen konnten.«*

Sie starben in der Wüste vor Angst, Frustration und Einschüchterung, weil sie nicht in die Ruhe eingingen. Sie haben den Punkt nicht erreicht, wo sie auf Gott vertrauten, dass ER das tut, was ER sagt, dass ER tun würde. Weil sie nicht in die Ruhe eingingen, starben sie in der Wüste. Ähnlich werden auch wir in unserer emotionalen Wüste sterben, wenn wir nicht in die Ruhe (Gnade) eintreten. *»Fürchten wir uns nun, dass nicht etwa, während die Verheißung in seine Ruhe einzugehen, noch aussteht, jemand von euch als zurückgeblieben erscheint. Wir gehen nämlich in die Ruhe ein als die, die geglaubt haben, wie er gesagt hat … Denn wer in seine Ruhe eingegangen ist, der ist auch zur Ruhe gelangt von seinen Werken, wie Gott von seinen eigenen. Lasst uns nun eifrig sein, in jene Ruhe einzugehen, damit nicht jemand nach demselben Beispiel des Ungehorsams falle«* (Hebr 4,1; 4,3; 4,10–11 ELB).

Vertrauen muss verdient werden; es wird niemals geschenkt. Wir vertrauen Menschen allmählich, indem wir ihnen näherkommen. Indem wir sie näher kennen lernen, beginnen wir ihnen zu vertrauen oder ihnen zu misstrauen. Um jemanden zu kennen, musst du von ihm lernen. Sie LERNTEN NICHT VON IHM. Sie kannten Gott nicht wirklich. Moses kannte ihn. Sie wussten nur etwas ÜBER ihn.

Wenn du dich demütigst und von ihm lernst, wirst du Ruhe finden für deine Seele. Denn er sagt: »*Denn mein Joch drückt nicht und meine Last ist leicht*« (Mt 11,30). Wenn dein Joch nicht erträglich und deine Last nicht leicht ist, so hast du dich nicht wirklich mit Jesus verbunden; du hast nicht von ihm gelernt. Du kennst ihn nicht wirklich. Du arbeitest noch immer in eigener Kraft und aus eigener Fähigkeit heraus.

Die Kraft zur Veränderung ist inwendig in dir.

Indem du ihn durch ein Leben in Verbundenheit, durch Gebet und durch das Wort Gottes kennen lernst, wirst du dich an der Umgestaltung und Erneuerung, die du so sehr begehrst, erfreuen können. Anstatt danach zu streben und mit aller Kraft zu versuchen, dich zu ändern, wird es ein sehr natürlicher Vorgang sein. Es wird so sein, als ob du in eine neue Garnitur Kleidung schlüpfen würdest. Doch anstatt neue Kleidung anzulegen, wirst du ein neues Ich anlegen. Die Bibel befiehlt uns, den neuen Menschen anzuziehen, der erneuert ist zur Erkenntnis nach dem Bild dessen, der ihn erschaffen hat (Kol 3,10 KJV).

Du kannst dich ändern, du hast die Kraft dich zu ändern in deinem Innern. Indem du diese Seiten liest, wirst du die mühelose Veränderung durch die Kraft Gottes finden.

Kapitel 2

GNADE – GOTTES FÄHIGKEIT

Wir sind es gewohnt, Gnade als Gottes unverdiente Gunst zu definieren. Wenngleich dies der Wahrheit entspricht, sagt es uns nicht, worin Gnade wirklich besteht; es sagt nur aus, dass sie für uns kostenlos ist. Eine der einfachsten Definitionen von Gnade ist »Fähigkeit«. Gnade ist Gottes Fähigkeit, die im Menschen wirkt und ihn **befähigt**, das zu tun, was er aus seiner eigenen Fähigkeit heraus nicht tun kann.

Der Mensch selbst hatte nie die Möglichkeit, seine Natur zu ändern. Jeremia fragt: »*Kann ein Schwarzer seine Haut ändern, ein Leopard seine Flecken? Dann könntet auch ihr Gutes tun, die ihr an Bösestun gewöhnt seid*« (Jer 13,23 ELB). Alle Menschen wurden mit einer Sündennatur geboren, und keine noch so große Anzahl guter Taten könnte jemals die Natur des Menschen ändern.

Gnade ist Gottes Fähigkeit, die in uns wirkt.

Menschen, die sich dem Gesetz unterstellen, tun sich schwer beim Versuch, sich zu ändern, aber die Bibel sagt, dass Gerechtigkeit niemals von jemandem durch das Gesetz erreicht wurde. Das Gesetz ändert die Menschen nicht; es gibt ihnen bloß ein Richtmaß für ihr Verhalten. Die Schwäche des Gesetzes ist das Fleisch (Röm 8,3). Wenn das Neue Testament von »Fleisch« spricht, verstehen wir diesen Begriff meist falsch. Wir denken bei Fleisch bloß an körperliches Verlangen. Während es sich manchmal wirklich darauf bezieht, wird es – besonders in den Briefen von Paulus – selten in diesem Sinne verwendet.

Das Fleisch bezieht sich auf die Fähigkeit des Menschen. »Im Fleisch zu sein« bedeutet, mit eigener Kraft und Anstrengung zu versuchen, uns zu ändern, etwas zu vollbringen oder zu werden, was wir sein sollten. Deswegen funktioniert das Gesetz nicht. Die Erfüllung desselben hängt von der Fähigkeit (vom Fleisch) des Menschen ab.

Da der Mensch niemals das Gesetz aus eigener Fähigkeit erfüllen (ihm gehorchen) kann, ist das Gesetz nicht viel mehr als eine Quelle für das Bewusstwerden von Sünde. Das Gesetz erfordert Perfektion, doch stellt es keine Mittel zur Verfügung, durch die unsere Natur geändert werden könnte. Das Gesetz gab uns nicht die Fähigkeit hierzu.

Jesus brachte uns die Fähigkeit

Jesus ist gekommen, um uns ein neues Leben zu geben. Dieses neue Leben ist mehr als eine Fahrkarte in den Himmel; es ist eine neue Natur, die augenblicklich in unserem Geist geboren wird. Gemäß Hebräer 7,19; 10,14 und 12,23 wird bei der Neugeburt der innere Mensch perfekt gemacht. Das wäre genug, wenn wir nicht in einem Körper leben und eine Seele haben würden. Gott beabsichtigt nicht, dich innerlich zu ändern, äußerlich aber unverändert zu lassen. Er erwartet auch nicht, dass du dich durch eigene Kraft veränderst. In Jesus hat er einen Weg geschaffen, sodass jeder Mensch verwandelt werden kann. Das, was im Innern vollkommen ist, kann das Äußere verändern.

Johannes sagt: »*Am Anfang war das Wort und das Wort war mit Gott und das Wort war Gott. Und das Wort ist Fleisch geworden und hat unter uns gelebt, und wir haben seine Herrlichkeit gesehen, die Herrlichkeit des einzigen Sohnes vom Vater, voll Gnade und Wahrheit*« (Joh 1,1; 1,14). Jesus war durchdrungen und in jedem Bereich erfüllt und überfließend von Gnade (Gottes Fähigkeit) und Wahrheit. Jesus konnte nur dadurch als Mensch in Gottes Wahrheit wandeln, indem er Gottes Fähigkeit (Gnade) empfing. Alles, was Jesus getan hat, tat er als Mensch voller Gnade. Er gab uns ein vollkommenes Beispiel, wie ein Mensch über Sünde erhaben leben kann. Er konnte es durch Gottes Gnade (Fähigkeit), die in ihm wirkte.

Du sagst: »Toll, das war Jesus; aber ich? Wie kann das mir helfen?« Johannes fährt fort: »*… aus seiner Fülle haben wir alle empfangen Gnade über Gnade*« (Joh 1,16). Wir sind fähig, von dieser Gnadenfülle (Fähigkeit), die in Jesus wirkte, zu empfangen. Diese Gnade ist es, die das Leben im neuen Bund möglich macht. Abgesondert von der Gnade, Gottes Fähigkeit, würden wir noch immer aus unserer eigenen Kraft heraus kämpfen. Wir wären in keiner besseren Verfassung als die Gläubigen des alten Bundes.

Der Mensch hatte Wahrheit, bevor Jesus kam, da das Gesetz bereits durch Mose (Joh 1,17) gegeben worden war. Das Gesetz war Wahrheit. Der Mensch versuchte gemäß dieser Wahrheit zu leben, es gelang ihm aber nicht. Der Mensch scheiterte wegen des Fleisches (seiner Fähigkeit). Das Fleisch hat nicht die Kraft, Gott zu gehorchen. Das Fleisch will nur seine eigenen Wünsche erfüllen.

Aber durch Jesus kamen Gnade und Wahrheit. Jesus brachte nicht nur Wahrheit allein. Wahrheit wäre nur ein weiteres Gesetz gewesen, das der Mensch nicht hätte befolgen können. Als Jesus kam, brachte er uns Wahrheit, aber er brachte uns auch die Fähigkeit, diese Wahrheit zu leben. Das ist es, was die zwei Bünde unterscheidet. Der erste hing vom Menschen ab, der zweite hängt von Gott ab. Der erste brachte den Menschen Ruhm für seine Leistungen, die er für Gott erbrachte. Der zweite bringt Gott Ruhm für das, was er im Menschen vollbringt.

Jesus machte uns frei,
damit wir die Wahrheit leben können.

Viele, die verzweifelt versuchen, sich zu ändern, lesen fleißig das Wort Gottes. Aber je mehr sie lesen, desto frustrierter sind sie, weil sie immer wieder Bereiche entdecken, in denen sie versagen. Das Wort Gottes zu kennen ist nicht genug. Wir müssen wissen, wie wir uns die Gnade zu eigen machen können, die wir brauchen, um das Wort zu leben.

Es ist ein Geschenk, nicht ein Gesetz

Wir nahmen die Lehren Jesu und machten sie zu einer Sammlung von Gesetzen, denen wir gehorchen sollten. Seine Lehren verlangen jedoch weit mehr als das Gesetz. Jesus ging weit über den Bereich von Handlungen hinaus; er konzentrierte sich auf Motiv und Absicht. Er sagte nicht bloß, dass wir das Richtige tun sollen; er sagte, dass wir es mit ganzem Herzen tun müssen.

Als Jesus den Leuten das Gesetz lehrte, hat er es zu einem nicht zu erreichenden Standard erhoben. Dieser Standard bezog sich auf das Herz. Jesus zeigte so der religiösen Welt, dass Gott nicht nur richtige Taten will; er will ein aufrichtiges Herz. Auch stellte er fest, dass das Motiv des Herzens immer Liebe sein muss. Kein anderes Motiv würde akzeptiert werden.

Jesus war eigentlich kein Lehrer des neuen Bundes. Er war ein Lehrer des Gesetzes. Er lehrte von einem neuen Bund, der kommen würde, einem Bund, der besser als der erste wäre. Dieser Bund bringt Ruhe für eine gequälte Seele und nicht noch mehr Qual. Dieser Bund ist ein Bund, den Gott errichtet und zu dem er auch die Fähigkeit schenkt, ihn zu halten. Dies ist es, was diesen Bund zu einer solch guten Nachricht macht. Gott tut die Arbeit; wir glauben und empfangen.

Wenn Jesus davon sprach, wie schwer es ist, in Gottes Königreich einzutreten, wollte er damit nicht sagen, wie schwierig es sei, errettet zu werden und in den Himmel zu kommen. Der Ruf der Erlösung ergeht an »jeden, der glaubt«. Wenn du erschöpft und schwer beladen bist, sagt der Erlösungsruf, dass du kommen sollst und Jesus dir Ruhe geben wird. Es hört sich wie ein Widerspruch an, wenn er davon spricht, wie schwer es sei, in das Königreich des Himmels einzugehen.

Das Königreich des Himmels und das Königreich Gottes sind dasselbe. Ein rascher Blick in die Evangelien zeigt, dass die Terminologie nur den Empfängern entsprechend geändert wurde. Das Königreich war gegründet worden, als Jesus von den Toten auferstand und den neuen Bund mit dem Blut besiegelte. Die Schwierigkeit, in das Königreich Gottes zu kommen, betrifft jene, die Gnade und Gerechtigkeit nicht als ein freies Geschenk Gottes akzeptieren. Diejenigen, die die Lehre Jesu zu einem neuen Gesetz machen, werden mehr zu kämpfen haben als diejenigen, die unter dem Gesetz im alten Bund lebten.

Abhängigkeit von Jesus

Eine der größten Enttäuschungen für Gläubige des »vollen Evangeliums« besteht darin, um all die Lehren und Verheißungen Jesu zu wissen, sie aber nicht zur Wirkung bringen zu können. Wissen bringt nur dann Erfüllung, wenn es uns gelingt, es in die Praxis umzusetzen. Wissen, das nicht praktisch angewendet werden kann, wird schlussendlich eine Ablehnung der Wahrheit bewirken. Folglich ist es wichtig, die Gnade zu bekommen, um das, was wir wissen, auch ausleben zu können.

Das Wort wird nur durch Gottes Gnade in uns wirksam. Das Joch Jesu wird leicht, wenn ich ihm erlaube, die Arbeit zu tun und ich nur neben ihm hergehe. Wenn er die Arbeit macht, komme ich in eine enge, liebende und dankbare Abhängigkeit von ihm. Diese Abhängigkeit ist die Basis für eine Beziehung, die niemals altert oder gesetzlich wird.

Jesus ist die Quelle des Lebens und des Lobes.

Weil ich abhängig von ihm bin, wird er zur Quelle meines Lobes. Er wird zur Quelle meines Lebens. Meine Gedanken, Handlungen und Einstellungen drehen sich nur um ihn. Jesus selbst wird zum Brennpunkt dieses Lebens und der Ewigkeit. Vor den Menschen bezeuge ich seine Gnade, seine Liebe und seine Barmherzigkeit. Vor Gott wird er zur Quelle meiner Zuversicht, meines Friedens, meiner Freude und meines Lobes. Getrennt von der Gnade Jesu können wir niemals in die alles in Anspruch nehmende, persönliche Beziehung kommen, die die Bibel fordert. In der Fülle seiner Gnade jedoch wird er mein Alles in Allem.

Deswegen möchte ich die Fähigkeit Gottes in Empfang nehmen. Ich will ihr erlauben, in mir zu arbeiten. Ich werde kein Vertrauen in mich setzen, ich werde gänzlich von Jesus abhängen und mich in ihm rühmen. Ich werde mich dieser Hoffnung, die ich in ihm habe, nicht schämen. Er begann dieses Werk und er wird es zur Vollendung bringen.

Kapitel 3

DIE GNADE JESU

Jesus ist für den Gläubigen das vollkommene Vorbild, und zwar für jeden Lebensbereich. In seinem Leben und Dienst auf Erden hat er uns zwei sehr wichtige Dinge klar gemacht. Er zeigte einerseits den Menschen Gott und andererseits, was ein Mensch, der voll der Kraft Gottes ist, zu tun vermag. Beides wurde durch die Gnade (Fähigkeit) Gottes vollbracht, die in ihm wirkte.

Es ist so wichtig für uns, das Menschsein Jesu zu verstehen. Ein falsches Verständnis seiner Menschennatur wird alles, was Gott in deinem Leben wirken kann, einschränken. Es ist das Menschsein des Herrn Jesu, das uns die Basis für die Hoffnung auf den Sieg gibt. Zu versäumen, Jesus als einen Menschen voll der Gnade Gottes zu erkennen, wird dazu führen, dass man sich selbst auch nicht als Menschen voll der Gnade Gottes sehen kann.

Jesus lebte als ein Mensch unter der Gnade

Eine der am häufigsten verdrehten Lehren des antichristlichen Geistes betrifft das Menschsein Jesu. Schon während der Zeit der frühen Kirche gab es einen solchen Angriff auf das tatsächliche Menschsein von Jesus, dass das Thema von den Verfassern des Neuen Testaments angesprochen werden musste. Heute sehen wir in der Mehrheit des Christentums viele Ähnlichkeiten zu dieser verdrehten Lehre, welche die Grundlage eines besiegten Lebens ist.

Der Apostel Johannes schrieb: »*Daran erkennt ihr den Geist Gottes: Jeder Geist, der bekennt, Jesus Christus ist im Fleisch gekommen, ist aus Gott. Und jeder Geist, der Jesus nicht bekennt, ist nicht aus Gott. Das ist der Geist des Antichrists …*« (1Joh 4,2–3).

Das ist mehr als eine Überprüfung, ob eine Person diesen Satz nachsprechen kann.

Die frühen Gnostiker leugneten, dass Jesus tatsächlich ein Mensch wie wir wurde. Jede Lehre, die das Menschsein Jesu leugnet, steht unter dem Einfluss vom Geist des Antichristen. Das heißt nicht, dass ein Individuum nicht gerettet ist. Es heißt nur, dass dieser Bereich seiner Theologie unter dem Einfluss des antichristlichen Geistes steht. Apostelgeschichte 10,38 betont, dass Jesus ein Mensch war, der unter der Kraft des Heiligen Geistes gewirkt hat, und nicht in seiner eigenen Kraft.

Die Lehre vom Menschsein Jesu vermindert seine Göttlichkeit nicht. Er war Gott im Fleisch; er war Gottes Sohn. Philipper 2 sagt, dass er, obwohl er göttlich war, sich selbst entäußerte, auf die göttliche Kraft verzichtete, die er im Himmel hatte.

Jesus hätte sündigen können, aber er sündigte nie.

Warum ist es so wichtig, dass wir das verstehen? Sehr früh auf meinem Weg mit Gott erkannte ich dies als den zentralen Angelpunkt, von dem aus ich den Teufel besiegen oder von dem aus er mich besiegen würde. Wenn ich erkenne, dass Jesus als ein Mensch voll des Geistes und der Gnade Gottes wirkte, dann sehe ich die Möglichkeit, dass sich die Worte von Johannes erfüllen: »*… wer an mich glaubt, wird die Werke*, die *ich vollbringe, auch vollbringen …*« (Joh 14,12). Wenn Jesus alles, was er tat, als Gott getan hat, so habe ich keine Hoffnung, dieselben Dinge zu vollbringen. Wenn er es aber als ein Mensch voll der Gnade Gottes tat, dann kann auch ich die Werke des Teufels zerstören. Auch ich kann die Sünde überwinden und meine Berufung erfüllen.

Jesus gab immer Gott die Ehre für die Fähigkeit zu predigen (Joh 8,28), Wunder zu vollbringen (Joh 5,19) und all die Dinge zu tun, die er getan hat. Niemals wies er darauf hin, dass er irgendetwas aus eigener Kraft oder Fähigkeit getan hätte. Wenn es nicht seine Fähigkeit war, wessen Fähigkeit war es dann? Offensichtlich war es Gottes Fähigkeit (Gnade), die in ihm wirkte.

Jesus wurde nicht mit dieser Fähigkeit (Gnade) geboren. Er nahm viel mehr zu an Gnade. Lukas 2,40 (ELB) sagt: »*Das Kindlein aber* WUCHS *und erstarkte, erfüllt mit Weisheit, und* GOTTES GNADE *war* AUF IHM.« Wie Jesus in der Weisheit Gottes wuchs, wuchs er auch in seinem Verständnis dafür, dass es Gottes Kraft war, die in ihm wirkte.

Wenn Jesus der Sünde widerstehen konnte,
dann können wir es auch.

Abgesehen von den Wundern gibt es noch einen Bereich im Leben Jesu, in dem wir die Gnade, die in ihm wirkte, besonders verstehen sollten. Jesus war ein Mensch, der nie eine Sünde begangen hat. Ich habe alle Arten von Streitgesprächen darüber gehört, ob Jesus zur Sünde überhaupt fähig gewesen wäre. Es ist ziemlich offensichtlich, dass dort, wo kein Begehren des Fleisches ist, auch keine Versuchung sein kann (Jak 1,14). In Hebräer 4,15 heißt es: »*Einen, der in allem wie wir in Versuchung geführt worden ist, aber nicht gesündigt hat.*« Die Versuchung Jesu war nicht anders als die unsere. Sein Fleisch begehrte Dinge, die nicht dem Willen des Vaters entsprachen. Es war keine vorgetäuschte Versuchung. Sie war wie unsere. Wenn die Versuchung echt war, dann war es auch die Fähigkeit zur Sünde. Jesus hätte wie jeder andere Mensch sündigen können.

Wie war es Jesus möglich, das Begehren zu sündigen zu überwinden? Hebräer 4,16 gibt uns die Antwort darauf: »*Lasst uns also voll Zuversicht hingehen zum Thron der Gnade, damit wir Erbarmen und Gnade finden und so Hilfe erlangen zur rechten Zeit*« (in der KJV steht: »zur Zeit der Not«). Jesus ging zum Vater und erhielt Gnade (Fähigkeit), wenn er sie brauchte. Er rang im Fleisch genauso, wie wir es tun. Die Bibel sagt, dass er litt, wenn er in Versuchung geführt wurde (Hebr 2,18). Es war ein Kampf für ihn, wie es einer für uns ist. Aber er lernte, Gottes Gnade zu nutzen und das Verlangen zu sündigen übernatürlich zu besiegen.

Genauso, wie Jesus das Verlangen zu sündigen mit Hilfe der Gnade, die in ihm wirkte, besiegt hat, auf dieselbe Art, wie er seinen Dienst erfüllte, genauso können auch wir Gottes Gnade, die uns befähigt, in uns wirksam haben. Jesus war unser Vorbild, unser Beispiel. Er zeigte uns, wie man aus der Gnade Gottes heraus leben soll. Er zeigte uns, was ein Mensch, der sich dem Geist hingibt, sein und tun kann.

Die Quelle des Sieges von Jesus
ist auch für uns verfügbar.

Sieg, Frieden und Kraft sind für jeden Christen verfügbar. Sieg durch die Gnade Gottes sollte für uns so normal sein, wie es für Jesus war. Aber wie Jesus müssen auch wir lernen, Gottes Gnade zu nutzen. Wenn wir denselben Sieg haben sollen, müssen wir aus derselben Quelle schöpfen.

Jesus ist unser maßgebliches Beispiel. Alles, was er getan hat, können auch wir tun, weil dieselbe Gnade auch in uns ist. Du kannst ohne Sünde leben. Du kannst der Mensch werden, der du sein möchtest.

Kapitel 4

Wo die Sünde mächtig wurde

Die meiste Zeit wurde ich über das Zeitalter der Gnade falsch unterwiesen. Ich wurde gelehrt, dass in diesem Heilsabschnitt die Gnade die Sünde nur bedecke. Grundsätzlich wurde Gnade auf Gottes unverdiente Gunst reduziert, die es Gott ermöglicht, Sünde zu übersehen, zu vergeben und zu dulden. Ich wurde gelehrt, dass wir erwarten sollten zu sündigen, aber dass Gottes Gnade für diese Sünde ausreichend wäre. Kurz gesagt: Dort, wo die Sünde mächtig wurde, da ist die Gnade übergroß geworden.

Obwohl in diesen Aussagen einiges an Wahrheit liegt, haben sie doch nichts mit Gnade zu tun. Gott hasst noch immer die Sünde. Gott hat den Menschen nicht gerettet, damit er sündigen und damit durchkommen könnte. Er hat den Menschen gerettet, damit er aus der Sünde herauskommen könnte. Er gab dem Menschen die Fähigkeit, die Sünde mit Gottes Kraft zu besiegen.

Römer 6,14 drückt es so aus: »*Die Sünde soll nicht über euch herrschen.*« Du hast noch immer eine Sündennatur, wenn die Sünde über dich herrscht. Wenn du aber wiedergeboren wirst, verliert die Sünde die Herrschaft über dich. Bei deiner Neugeburt verlässt du den Bereich des Gesetzes, dessen Erfüllung vorher von deiner Kraft abhing, und du betrittst den Bereich der Gnade, die Gottes Kraft ist. In Römer 6,14 wird weiter erklärt, warum Sünde den Gläubigen nicht mehr beherrscht: »*… denn ihr steht nicht unter dem Gesetz, sondern unter der Gnade.*« Die Sünde verliert ihre Herrschaft aufgrund der Gnade, der Kraft Gottes, die verfügbar ist. Gnade ist deshalb nicht die Fähigkeit Gottes, die Sünde zu übersehen; sie ist die Fähigkeit Gottes, die in dir wirkt, um dich von der Sünde zu befreien.

Danke Gott für seine Barmherzigkeit,
aber wandle in seiner Gnade.

Willige nicht ein, sondern überwinde Sünde

»*Heißt das nun, dass wir sündigen dürfen, weil wir nicht unter dem Gesetz stehen, sondern unter der Gnade?* KEINESWEGS!« (Röm 6,15). Wir müssen uns nicht passiv der Sünde hingeben und auf Gottes Gnade zur Vergebung warten. Wir müssen uns Gottes Gnade ausliefern, bevor wir sündigen, und so die Sünde besiegen. Gnade hat mit der Fähigkeit zu tun, die Sünde zu besiegen, und nicht mit der Fähigkeit Gottes, Sünde zu vergeben. Barmherzigkeit ist Gottes Fähigkeit, zu vergeben. Ich danke Gott für seine Barmherzigkeit, aber viel lieber noch möchte ich in seiner Gnade wandeln.

Sogar nachdem eine Person Gottes Barmherzigkeit erfahren hat, neigt sie dazu, unter einem Gefühl von Verurteilung zu leben. Die Sünde schädigt das Herz und macht es schwierig, Gott in Zukunft zu vertrauen. Obwohl sich Gott durch Jesus in Barmherzigkeit nach uns ausstreckt, bringt uns die Sünde dazu, an Gottes Liebe und seiner Fähigkeit zu vergeben zu zweifeln.

Die meisten Christen haben so wenig Hoffnung, ihre Probleme, die ihr Leben beherrschen, zu überwinden, dass sie eine Philosophie entwickelt haben, die besagt, dass Vergebung zu empfangen einfacher sei, als Widerstand zu leisten. Dieser Lebensstil erkennt rasch und zutreffend an: »Ich habe nicht die Kraft, diese Sünde zu besiegen.« Aber Gott wollte auch nie, dass du diese Sünde mit deiner eigenen Kraft besiegst. Das zu tun würde bedeuten, wieder in den Bereich des Gesetzes (Fleisches) einzutreten.

Wenn Jakobus uns auffordert, dem Teufel zu widerstehen, bemerkt er zuvor: »*Doch er gibt noch* GRÖSSERE GNADE; *darum heißt es auch: Gott tritt den* Stolzen *entgegen, den Demütigen aber schenkt er seine Gnade*« (Jak 4,6). Was heißt das: »Er gibt größere Gnade?« Mehr Gnade als was? Die Gnade (Fähigkeit), die er gibt, ist größer als die vorhandene Macht der Sünde. »*Wo jedoch die Sünde mächtig wurde, da ist die Gnade übergroß geworden*« (Röm 5,20). Ganz egal, wie groß der Wunsch zu sündigen sein mag, Gott wird dir noch mehr Gnade geben, diese Sünde zu besiegen, was bedeutet, dass es auch für deine Situation Hoffnung gibt.

Aber Gott gibt nur den Demütigen seine Gnade. Demut ist einfach die Bereitschaft, deinen Willen, deine Meinungen und deine Ansichten der Sicht (Meinung) und dem Willen Gottes unterzuordnen. Die stolze Person mag nicht arrogant erscheinen oder sich auch nicht offen zu allem äußern. Sie kann der ruhige, schüchterne Gläubige sein, der meint, alles mit eigener Kraft schaffen zu müssen. Er bittet niemals irgendjemanden um irgendetwas, Gott eingeschlossen. Dieser Mensch kann Gnade nicht erlangen. Gott will, dass wir »uns ihm unterwerfen«, ihm näher kommen und von ihm abhängig sind. Indem wir dies tun, fangen wir an, dieser Gnade teilhaftig zu werden. Wenn wir Gottes Gnade (Fähigkeit) empfangen haben, dann sind wir ausgerüstet, der Versuchung zu widerstehen.

Echte geistliche Kriegsführung

Die Bibel beschreibt einen Kampf, der im Leben der Christen stattfindet. Irgendwie haben wir Kriegsführung ganz missverstanden; deshalb bringt uns der Kampf, in den wir verwickelt sind, keinen Sieg. Fälschlicherweise denken die meisten Christen, dass unser Kampf gegen den Teufel geführt wird. Obwohl dieser zweifellos unser Gegner ist, konzentriert sich unser Kampf nicht auf ihn. Satan ist ein besiegter Feind. Jesus hat ihn auf der ganzen Linie vollkommen geschlagen und ihn aller Kraft und Autorität entkleidet.

Der Teufel vernichtet nicht die, die er vernichten WILL; er vernichtet die, die er vernichten KANN. »*Seid nüchtern und wachsam! Euer Widersacher, der Teufel, geht wie ein brüllender Löwe umher und sucht, wen er verschlingen kann*« (1Petr 5,8). Er ist nicht imstande, einen Beliebigen zu verschlingen. Er kann nur jene verschlingen, die nicht nüchtern und wachsam sind.

Die Bibel warnt davor, besorgt, furchtsam und von den Sorgen dieses Lebens bedrückt zu sein.

»*Hütet euch aber, dass eure Herzen nicht etwa beschwert werden durch Völlerei und Trunkenheit und Lebenssorgen und jener Tag nicht plötzlich über euch hereinbricht*« (Lk 21,34 ELB).

Das Wort »beschwert« bedeutet belastet. Wenn unser Herz von irgendetwas bedrückt wird, sind wir nicht länger wachsam. Wenn wir die Wahrheit nicht glauben, sind wir nicht länger nüchtern. In diesem Zustand der Schwäche und Verwirrung kann der Teufel uns angreifen und zerstören.

Es ist so wie bei dem Dieb, der außerhalb der Bar lauert. Er wartet auf betrunkene Opfer, die sich nicht der Gefahr bewusst und unfähig sind, auf den Angriff angemessen zu reagieren. Die schwächste Person kann gegen einen gewinnen, der betrunken ist und überrumpelt wird. Da der Teufel keine andere Kraft hat als nur

Verführung und Anklage, so sind wir nur dann verletzbar, wenn wir uns weigern, uns zu demütigen und der Wahrheit zu glauben.

Darum führen wir den Kampf nicht gegen den Teufel, sondern er findet in unserer Seele statt. Wenn wir die Wahrheit glauben, dann kann Gnade frei fließen und uns befähigen, diese Wahrheit zu leben. Wenn wir die Lügen des Teufels, die Lügen unserer Freunde, die Lügen der Vergangenheit oder sogar die Lügen des Predigers glauben, dann sind wir nicht länger nüchtern. Alles, was mit dem vollbrachten Werk Jesu nicht übereinstimmt, ist eine Lüge.

2. Korinther 10,4–5 (ELB) sagt: »*Denn die Waffen unseres Kampfes sind nicht fleischlich, sondern mächtig für Gott zur Zerstörung von Festungen; so zerstören wir Vernünfteleien und jede Höhe, die sich gegen die Erkenntnis Gottes erhebt und bringen jeden Gedanken gefangen unter den Gehorsam Christi.*«

Die Dinge, gegen die wir zu kämpfen haben, sind die Vorstellungen, die nicht mit dem Wort Gottes übereinstimmen. Es sind vor allem die Gedanken, die nicht mit dem neuen Bund übereinstimmen.

Satan kann nur da etwas tun, wo du glaubst,
dass er es tun kann.

Ich muss den Teufel nicht anschreien, um diesen Kampf zu gewinnen; ich gewinne einfach Kontrolle über meine Gedanken und Ansichten. Tatsächlich spricht jeder Vers des Neuen Testamentes, der über Kampf lehrt, stets von deinen eigenen Gedanken, Meinungen und Gefühlen – und nicht vom Teufel. Der Teufel kann nichts tun, außer wenn du glaubst, dass er es tun kann.

Das, was Sünde in unserem Leben so stark erscheinen lässt, ist unsere Sicht von ihr, wie wir sie betrachten und was wir von uns selbst glauben. Wenn ich davon überzeugt bin, eine neue Schöpfung zu sein, dann hat Sünde keine Macht über mich. In der Tat ist Sünde eine schmerzhafte und zerstörerische Macht und ich will mich ihr nicht hingeben.

Die Wahrheit, die den Hang zur Sünde bricht

Ich bin zuversichtlich, dass, egal wie groß die Versuchung ist, ich immer genug Gnade zur Verfügung habe, um aus ihr befreit zu werden. Das Ausmaß der Gnade ist immer größer, als das der Versuchung. 1. Petrus 2,11 (ELB) sagt: »*Geliebte, ich ermahne euch Beisassen und Fremdlinge, dass ihr euch der fleischlichen Lüste, die gegen die Seele streiten, enthaltet.*« Wenn die Versuchung kommt, dann weiß ich, dass es nur ein Gefühl ist, das in meiner Seele wirkt. Alles, was ich tun muss, um über die Versuchung Sieg zu haben, ist mein Gefühl zu ändern (Gefühle sind Teil der Seele).

Es ist allezeit mehr Gnade als Versuchung vorhanden.

Die Bibel fordert auf, diese Vernünftelein (Vorstellungen) niederzureißen. Ich muss sie in Einklang mit der Wahrheit bringen. Wenn ich Gnade (Gottes Fähigkeit) will, dann muss ich Gottes Wahrheit glauben. Eine der größten Lügen des Teufels ist die, dass die Sünde Vergnügen bringe.

Für die meisten Leute besteht Sünde aus einer Liste von Dingen, die Spaß und Vergnügen bereiten, die Gott nicht möchte, dass wir sie tun. Dementsprechend sehen sie den Willen Gottes als eine Liste von mühsamen und schwierigen Dingen an, von denen er möchte, dass wir sie tun. Solange du die Sünde tatsächlich als Quelle des Vergnügens ansiehst, wirst du immer wieder zu ihr zurückkehren.

Aber wenn du erkennen kannst, dass Sünde nur für den Moment vergnüglich ist, aber immer zu qualvollstem, unvorstellbarem Leid führt, wird sie für dich ihren Reiz verlieren. Allein diese Wahrheit zu glauben, wird in der Regel die verlockende Kraft der Sünde brechen.

Um Gott vertrauen zu können, muss man begreifen, dass Gottes Anforderungen nicht irgendeine Art von Eignungsprüfung darstellen. Die Aufforderung, Sünde zu meiden, ist nicht eine Art Test. Gott will, dass du die Sünde meidest, weil sie dich zerstört. Jeder Schmerz, an dem du gerade jetzt in deinem Leben leidest, ist das Ergebnis von irgendeiner sündigen Handlung, Einstellung oder Anschauung. Es ist nicht Gott, der dich dafür bestraft. Es sind vielmehr diese Dinge selbst, die immer Leid verursachen. Sie bringen dich dazu, auf eine Art und Weise zu handeln, die deinem eigenen Wesen entgegengesetzt ist. Wenn sich eine Person all das Leid ehrlich vor Augen halten würde, das in ihr Leben kommt, wenn sie der Versuchung nachgibt, würde sie augenblicklich das Interesse an der Versuchung verlieren.

Wenn ich begriffen habe, dass die Sünde Schmerzen verursacht, muss ich als nächsten Schritt den Gedanken dieser Sünde unter den Gehorsam Christi gefangen nehmen. Weil Jesus alle meine Sünden besiegt hat, und weil ich in ihm bin, lautet die Frage nicht: »Kann ich diese Sünde besiegen?« Die Frage lautet: »Hat Jesus diese Sünde besiegt?« Wenn er es getan hat, und das wird immer der Fall sein, kann ich mich freuen, dass sie keine Macht mehr über mich hat.

Ich muss nur in den Bereichen, in denen Jesus die Schlacht verloren hat, den Teufel bekämpfen. Da er jedoch in keinem einzigen Bereich die Schlacht verlor, bleibt für mich nichts mehr zu tun, außer mich an diesem Sieg zu erfreuen und ihn als den meinigen zu verbuchen.

Gott will, dass du die Sünde meidest, weil sie dich zerstört.

So viele Male tobte der Kampf in meiner Seele. Alles in mir sagte: »Das möchte ich wirklich tun!« Sobald ich aber folgende Wahrheit erkannt habe: »Ich bin frei von Sünde. Sünde hat keine Macht über mich. Jesus hat diese Sünde besiegt und ich muss nicht mehr gegen sie kämpfen«, war jeder Kampf zu Ende. Ich konnte niemals eine Sünde begehen, wenn ich in Bezug auf sie glaubte und anerkannte, dass Jesus den Sieg über sie gewonnen hat.

Wie stark ist Sünde wirklich?

Es gibt Gründe, warum Sünde so stark und kraftvoll erscheint. Der erste Grund ist das Ausmaß an Aufmerksamkeit, mit dem wir uns auf sie konzentrieren. Zu jedem Ding, dem du Aufmerksamkeit schenkst, wirst du hingezogen. Viele Menschen verstärken dadurch die Sünde in ihrer Seele, indem sie versuchen, sie zu bekämpfen und geben ihr auf diese Weise mehr Macht.

Ferner kommt es auch darauf an, welches Ausmaß an Vergnügen du mit dieser einzelnen Sünde verbindest. Wenn du nur lange genug über das Vergnügen nachdenkst, wirst du die Zerstörung aus dem Auge verlieren, die sicher kommen wird. Der Mensch wurde erschaffen, um in Vergnügen zu leben. Wir streben dem zu, was uns Vergnügen bringt. Unser Problem ist, dass wir darüber im Unklaren sind, was uns wirklich Vergnügen bringt. Sünde verschafft sofortige Befriedigung, aber niemals anhaltende Freude.

Das Versäumnis, die Verwüstung durch Sünde realistisch zu sehen, ist ein weiterer Hauptfehler in unserem Glaubenssystem. Die Sünde bringt immer Tod – den Tod für unsere Seele (Verstand, Gefühle und Wille). Es ist nicht Gottes Strafe, die uns verwüstet; es ist ein Zuwiderhandeln dem gegenüber, wie wir ursprünglich erschaffen wurden. Es ist genau so, wie wenn du Zucker in den Benzintank deines Autos füllst. Es sind nicht die Leute aus Detroit, die kommen, um deinen Motor zu zerstören; es ist das Ergebnis einer Zuwiderhandlung der Betriebsanleitung gegenüber.

Worauf du deinen Sinn richtest, dahin zieht es dich.

Solange du glaubst, dass es Gott ist, der dir Schmerz bereitet oder ihn herbeiführt, kannst du verschiedene Auswege finden, um damit umzugehen. Du könntest rechtfertigen, warum es in Ordnung sei zu leiden. Du könntest dich selbst überzeugen, dass Gottes Vergebung alle negativen Auswirkungen überwindet. Oder du könntest einfach aufhören an Gott zu glauben. Ganz gleich, welchen Verteidigungsmechanismus du anwendest, die Folgen lassen sich nicht verhindern.

Der Versuch, den Kampf auf eigene Faust und aus eigener Kraft zu gewinnen, ist natürlich der tragische Inbegriff eines leistungsorientierten Gläubigen. Wie kannst du über etwas siegen, das du in Wirklichkeit so sehr haben möchtest?

Die Wahrheit ist, dass mehr an Gnade, mehr an Kraft Gottes und mehr an Kraft der Gerechtigkeit in dir ist, als jemals an Sünde in dir war. Wenn du an die Kraft Gottes genau so stark geglaubt hättest, wie du an die Macht der Sünde geglaubt hast, würde Sünde niemals so mächtig erscheinen.

Goliat war groß, wenn du ihn mit David vergleichst. Aber David war klug genug, ihm Gott gegenüberzustellen. Warum machst du nicht dasselbe mit deiner Sünde?

Kapitel 5

In meiner Schwachheit

Für denjenigen, der ein gottgefälliges Leben führen will, ist die Schwäche des Fleisches sehr entmutigend. Die meisten Gläubigen haben versucht, Sünde zu besiegen, aber unwissentlich haben sie nach dem Fleisch gekämpft und nicht nach dem Geist. Ich habe eine gute Nachricht für dich – deine Schwäche kann für dich arbeiten.

Dem Verstand ist es fremd, Schwäche zuzugeben. Ich meine nicht, dass wir die Einstellung eines Versagers haben und uns ständig auf unser Unvermögen konzentrieren sollten. Die Bibel sagt: »Der Schwache spreche: ICH BIN STARK« (Joel 4,10 SLT). Unser Bekenntnis sollte ein Bekenntnis von Kraft sein, nicht aber von unserer Kraft. Christus in mir ist meine Hoffnung auf Herrlichkeit. Ich habe keine Erwartung in Bezug auf meine eigene Kraft, aber ich habe jede erdenkliche Erwartung und Zuversicht betreffend Gottes Kraft, die in mir wirkt.

Die Hauptsache, die uns davon abhält, Gnade zu empfangen, ist unsere eigene Kraft. Wir wurden jedoch gelehrt, dass wir stark sein sollen. Wir rühmen uns unserer Kraft. Wir beweisen unsere Kraft. Deswegen haben wir nur in dem Ausmaß Sieg, wie unsere Kraft es zulässt.

Deine Kraft versus Gottes Gnade

Die Christen versäumen es, sich bewusst zu machen, dass sie heute genauso schwach sind, wie sie es vor ihrer Bekehrung waren. Mit deiner Kraft wirst du auf demselben Platz enden, wo du vor deiner Errettung warst. Ich kann mich ganz deutlich erinnern, wohin meine Kraft mich gebracht hat. Ich kann mich klar erinnern, wie schlecht es mir ging.

Unsere beste Anstrengung kann uns nicht retten.

Nur weil ich errettet bin, mit Fluchen und Trinken aufhöre, und mich ein bisschen besser kleide, bedeutet das nicht, dass ich nun etwas mehr Kraft habe, als dies zuvor der Fall war. Wenn ich von dieser Kraft abhängig bin, die die Bibel »das Fleisch« nennt, werde ich in den Werken des Fleisches enden, wie sie im Galaterbrief, Kapitel 5,19–21 aufgezählt sind.

Die Taten des Fleisches sind Ausdruck oder Frucht des Lebens im Fleisch, sowie die Frucht des Geistes Ausdruck des Lebens im Geist ist. Erinnere dich, Leben im Fleisch liegt dann vor, wenn du auf deine eigenen Fähigkeiten angewiesen bist, um dich zu ändern oder um gerecht und von Gott angenommen zu werden.

Jeder, der sich auf seine eigene Kraft verlässt, wird schlussendlich in den Werken des Fleisches enden.

»Die Werke des Fleisches sind deutlich erkennbar: Unzucht, Unsittlichkeit, ausschweifendes Leben, Götzendienst, Zauberei, Feindschaften, Streit, Eifersucht, Jähzorn, Eigennutz, Spaltungen, Parteiungen, Neid und Missgunst, Trink- und Essgelage und ähnliches

mehr. Ich wiederhole, was ich euch schon früher gesagt habe: Wer so etwas tut, wird das Reich Gottes nicht erben« (Gal 5,19–21).

Dieselbe Kraft, die wir aufbieten, um gerecht zu sein, ist auch die Kraft, die bewirkt, dass wir schließlich in diese Art von Sünden fallen. Selbst bei größter Anstrengung sind wir immer noch im Fleisch. Wenn wir akzeptieren, wer und was wir in Jesus sind, dann fließt Gnade aus uns und macht uns fähig, das Leben Christi zu leben. In Galater 2,21 (ELB) enthüllt Paulus eine im Allgemeinen übersehene Wahrheit: *»Ich mache die Gnade Gottes nicht ungültig; denn wenn Gerechtigkeit durch Gesetz kommt, dann ist Christus umsonst gestorben.«* Das Wort »ungültig machen« bedeutet »unwirksam machen«. Obwohl jeder Christ die Gnade Gottes in sich hat, ist er fähig, diese Gnade (Fähigkeit) zu hemmen. Aber wie geschieht dies?

Wir sind stets entweder von unserer oder von Gottes Fähigkeit abhängig. Da gibt es kein Dazwischen. Wenn du deiner eigenen Fähigkeit vertraust, legst du Gottes Fähigkeit lahm. Wenn du lang genug aus eigener Kraft heraus handelst, wird dich dies geradewegs in dieselbe Verhaltensweise zurückfallen lassen, die du hattest, bevor du errettet wurdest.

Das geschah bei den Galatern. Sie waren errettet; sie hatten Jesus als ihren Herrn angenommen; sie waren auf dem Weg zum Himmel. Sie hatten aber bedauerlicherweise in diesem Leben keinen anderen Sieg außer den, welchen sie durch eigene Kraft erreichen konnten. Darauf bezieht sich Paulus in Galater 5,4: *»Wenn ihr also durch das Gesetz gerecht werden wollt, dann habt ihr mit Christus nichts mehr zu tun; ihr seid aus der Gnade herausgefallen.«*

Aus der Gnade zu fallen bedeutet nicht, die Neugeburt zu verlieren. Aus der Gnade zu fallen geschieht dann, wenn du den Bereich von Gottes Fähigkeit verlässt. Es passiert, sobald du versuchst, Gerechtigkeit durch eigene Leistung zu erlangen.

Jeder Christ will ein gottgefälliges Leben führen. Aber wir sollten durch die Kraft der Gerechtigkeit Gottes, die in uns ist, in Gerechtigkeit leben. Wir sollten ein Glaubenssystem vermeiden, das besagt: »Meine Gerechtigkeit wird von meiner Lebensweise bestimmt.«

Wir übersehen all diese »in ihm«-Schriftstellen im Neuen Testament. Alles, was wir vor Gott sind, sind wir, weil wir in ihm sind. Kolosser 1,27: »*Christus in euch, die Hoffnung der Herrlichkeit*«, ist mehr als eine abgenutzte Phrase. »Die Herrlichkeit« spricht unter anderem von Gottes Ansicht und Meinung. Die Kraft Christi in mir ist der einzige Weg, jemals so sein zu können, wie Gott es von mir erwartet.

Wir benötigen übernatürliche Kraft, um uns in der geistlichen Kriegsführung zu engagieren.

Wenn ich von wirksamem Glauben spreche, um Gnade zu erlangen, dann verstehe bitte, dass ich nicht sage, ich selbst müsse dies bewirken. Glaube ist nicht eine Kraft, durch die wir Dinge ZUSTANDE BRINGEN. Glaube ist Vertrauen, eine tiefe Überzeugung, eine Gewissheit von der Abhängigkeit von Gott. Nicht mit meinem Glauben bringe ich Dinge zustande. Sobald ich aber das, was ich glaube, mit Gott in Übereinstimmung bringe, wird Gnade wirksam.

Anerkennung führt zur Ausrüstung mit Kraft

Der Ausgangspunkt für den Empfang der Kraft des Herrn muss sein, deine eigene Schwachheit zu erkennen – zu begreifen, dass du Gottes Willen nicht aus eigener Kraft tun kannst. Wir wollen nicht aus eigener Kraft stark sein, sondern wir wollen im Herrn stark sein und in der Macht seiner Stärke (Eph 6,10). Unsere natürliche Kraft ist in einem übernatürlichen Kampf nutzlos.

In 2. Korinther 12,5–12 beschreibt Paulus sein Ringen mit dem Satan, wobei er sich seiner persönlichen Unfähigkeit bewusst wird. In Vers 5 sagt Paulus: »*Ich will mich meiner Schwachheit* (meines Mangels) *rühmen* (mich freuen).« Dann beschreibt er seine Situation. Im Vers 7 erfahren wir, dass ein Bote Satans ihn mit Fäusten schlug. Sein »Stachel« war keine physische Krankheit, sondern ein Bote Satans. Das Wort »Bote« wird normalerweise mit »Engel« übersetzt. Paulus stand unter Angriff, als er diesen Brief schrieb. Sein Leben war viele Male gefährdet. Er hat jede nur vorstellbare Not erlitten, und nun haben sich selbst in der Gemeinde Leute erhoben und seinen Dienst und sein Apostelamt abgelehnt.

Das Wort »Stachel« bezog sich im Alten Testament auf Völker (Jos 23,13). Paulus könnte sich sehr wohl auf die Judäer bezogen haben, die ihm quer durch das Land nachfolgten und Streit und Verfolgung gegen ihn entfacht haben. Er hätte sich auch auf den dämonischen Geist bezogen haben können, der die Menschenmassen gegen ihn aufhetzte. Was immer es auch war, es war mehr, als er bewältigen konnte. Er war gänzlich unfähig, etwas gegen diese Situation zu unternehmen. Er hat dreimal den Herrn angefleht, dass dieser Bote Satans von ihm ablasse, und Gottes Antwort war: »*Meine Gnade genügt dir*« (2Kor 12,9). Das war keine abschlägige Antwort. Gott selbst hat Paulus geholfen.

Nicht jeder negative oder schwierige Umstand, dem wir gegenüberstehen, wird verändert. Sieg bedeutet jedoch auch nicht immer, dass sich die Umstände ändern. Sehr oft kommt der Sieg, weil **wir** uns ändern. Wir haben es nötig, dass Gottes Fähigkeit in uns wirkt, um uns zu verändern, zu stärken und uns fähig zu machen, den Willen Gottes in jeder Situation auszuführen. Gott hat uns nie versprochen, uns in schwierigen Situationen von der Welt wegzunehmen, aber er versprach, uns Sieg zu geben, während wir in der Welt sind.

Paulus sah schlussendlich ein, dass er kein Wunder von Gott brauchte, um das Hindernis zu entfernen, aber er brauchte die Gnade Gottes, um sich dem Problem stellen und es überwinden zu können. Im Gegensatz zu vielen Gläubigen heutzutage dachte Paulus nicht, dass Gott ihn im Stich gelassen habe. Er gab nicht auf, als er die gewünschten Ergebnisse nicht bekam und zog sich nicht von allem zurück, nur weil er eine Antwort erhielt, die anders war, als er es sich wünschte. Paulus suchte den Willen Gottes. Er wollte den Sieg, was immer es auch kosten würde. Er hat nicht vorausbestimmt, auf welche Art der Sieg kommen sollte; er gehorchte dem Herrn.

Wenn Gottes Gnade wirkt, erdulden wir nicht – wir überwinden. Wir behalten keine besiegte oder negative Einstellung bei. Sieg verträgt sich nicht mit einer falschen Einstellung. Sieg bedeutet, ein Überwinden in der Freude des Herrn. Wie oft baten mich Leute: »Bete für mich, dass ich bis zum Ende durchhalte!« Du musst nicht bis zum Ende durchhalten, du brauchst Sieg bis zum Ende. In dieser Erkenntnis rühmt sich Paulus (2Kor 12,11). Seine Schwäche und Unfähigkeit waren nicht länger eine Beschränkung. Stattdessen waren sie eine Einladung, sich mit Jesus zu verbinden, ihn die Last schleppen zu lassen und in der Kraft seiner

Macht zu gehen. Paulus hat begriffen, dass Gottes Kraft dort anfing, wo seine aufhörte.

Sieg bedeutet nicht immer, dass sich schlechte Situationen zum Guten wenden.

Paulus hatte bereits Erfahrung mit dem Gesetz. Er wusste, wozu sein Fleisch fähig war. Er wurde unabhängig von seiner Fähigkeit und hat dankbar all seine Fähigkeit als »Dreck« erachtet, um die Auferstehungskraft zu erkennen (Phil 3,8). Unglücklicherweise haben viele von uns sich die Grenzen ihrer eigenen Kraft noch nicht richtig bewusst gemacht. Wir denken, dass wir stark FÜR Gott sein sollen, anstatt stark IM Herrn zu sein.

Du bemerkst, dass Paulus gesagt hat, dass er diese Dinge UM CHRISTI WILLEN erlebt hat, aber nicht als Ergebnis von Unglauben. Vielmehr sind dies Dinge, mit denen wir konfrontiert werden, wenn wir dem Wort Gottes gemäß leben. Auch sollst du erkennen, dass er nicht schwach blieb – er wurde stark in Christus.

Mit Gnade gewinnen

Selbst wenn wir auf die größten Hindernisse stoßen, können wir sie mit Freude überwinden. Überleben und Sieg erscheinen nach außen hin sehr ähnlich. Eine willensstarke Person kann die Mühsale aushalten und dem Anschein nach gewinnen. Dabei mag es zwar einige selbstgerechte Befriedigung geben, aber niemals echten Frieden und Freude. Wenn wir durch Jesu Kraft überwinden, wird immer Freude vorhanden sein. Sei es, dass wir sündige Handlungen, falsche Einstellungen oder Beschränkungen überwinden – die Gnade wird immer Freude bringen. Oft überwindet ein Gläubiger eine Sünde, oder gehorcht dem Herrn, aber nur mit zusammengebissenen Zähnen. Das ist ein sicheres Zeichen dafür, dass wir aus unserer eigenen Kraft heraus arbeiten. Wo keine Freude ist, da ist auch keine Gnade.

Die Bibel sagt: »*Du liebst das Recht und hasst das Unrecht, darum, o Gott, hat dein Gott dich gesalbt, mit dem Öl der Freude …*« (Hebr 1,9). Weil Jesus sich dem hingab, was vor Gott recht war, empfing er nicht nur die Fähigkeit zu überwinden, sondern auch das Öl der Freude. Er bereute keines seiner Opfer. Es gab kein Bedauern betreffend des Überwindens der Sünde. Warum wohl? Er tat es in Gottes Kraft, die ihm die Freude des Herrn brachte. In Psalm 100 befiehlt uns die Bibel, dem Herrn mit Freude zu dienen. Das ist sehr schwierig, wenn wir aus unserer eigenen Kraft heraus arbeiten. Aber Jesus hat die Freude bis zum Ende bewahrt.

Hebräer 2,9 sagt, dass Jesus durch Gottes Gnade für jeden den Tod schmeckte (ELB). Ich glaube nicht, dass er als Mensch das hatte, dessen er bedurfte, um dem Kreuz entgegenzusehen. Jesu Fähigkeit, das Kreuz zu erdulden, zur Sünde zu werden und die Strafe zu ertragen war ein Werk von Gottes Gnade. Erinnere dich, Jesus war ein Mensch. Er fühlte all die physischen Qualen, die jeder Mensch empfinden würde. Darüber hinaus wusste er, dass ihm bevorstand, zur Sünde gemacht zu werden und den Fluch des Gesetzes auf sich zu ziehen (2Kor 5,21; Gal 3,13).

Vor der Kreuzigung ging Jesus nach Gethsemane, um zu beten. Dort sagte er: »*Meine Seele ist zu Tode betrübt*« (Mt 26,38). Er sah dem Todeskampf und der Trennung von Gott entgegen. In Vers 39 betet er ernstlich: »*Mein Vater, wenn es möglich ist, gehe dieser Kelch an mir vorüber.*« Er versuchte nicht, dem Kreuz zu entkommen. Gerade zuvor hatte er ja Petrus scharf zurechtgewiesen und klar ausgesprochen, dass er seinem Auftrag, für den er auf die Erde gekommen war, treu bleiben wolle.

Mehrmals hatten die religiösen Führer versucht, Jesus gefangen zu nehmen. Bei vielen Gelegenheiten sagte er: *»Meine Zeit ist noch nicht gekommen.«* Ich denke, dass sich in Gethsemane zwei bedeutsame Dinge ereignet haben. Zuerst musste Jesus herausfinden, ob es genau zu dieser Zeit Gottes Wille für ihn war, das Kreuz auf sich zu nehmen. Ich glaube nicht, dass er dem Willen Gottes entrinnen wollte, sondern dass er vielmehr versuchte, ihn genau zu definieren. Sobald er erkannt hatte, dass es Gottes Wille war, sein Leben zu diesem Zeitpunkt hinzugeben, brauchte er auch die Kraft, dies zu tun.

Ich meine, es war während des Betens hier im Garten auf dem Ölberg, dass Jesus die Gnade, Fähigkeit und Kraft erhielt, dem Tod am Kreuz ins Auge zu sehen.

Ebenso brauchen wir Gnade, wenn wir dem Tod unseres Ichs ins Auge sehen. Diese Gnade wird von Augenblick zu Augenblick erlangt. Wir empfangen Gnade nicht im Voraus für jede Lebenssituation, sondern wir erhalten sie täglich, indem wir sie erbitten. Wenn wir während des Tages schwierigen Situationen gegenüberstehen, dann sollen wir im Glauben erkennen, was das Wort Gottes über uns sagt und Gnade für diese Situation empfangen.

Sich selbst zu sterben erfordert Gnade.

Was immer deine Sünde, was immer deine Schwachheit ist, gerade dies wird zum Bereich deiner Stärke. Bis zu welchem Grad auch immer du auf einem Gebiet schwach bist, bis zu diesem Grad wird die Gnade Gottes dich stark machen.

Kapitel 6

Gnade statt Sünde

Jedes Mal, wenn wir uns in einem Zustand von Mangel, Unfähigkeit oder Sünde befinden, haben wir die Gnade (Fähigkeit) Gottes nötig. Doch in diesen Zeiten ärgster Not führen uns unsere falschen Auffassungen von Gott dazu, von ihm wegzulaufen – anstatt zu ihm hin.

In den Zeiten unserer ärgsten Not glauben wir, dass wir abgelehnt werden, wenn wir zu Gott laufen. Die Bibel wurde nebst anderen Gründen dazu geschrieben, um uns von Sünde freizuhalten. Doch wenn wir sündigen, *»haben wir einen Fürsprecher (jemanden, der für uns ist) bei dem Vater, Jesus Christus, den Gerechten«* (1Joh 2,1). Weil unser Fürsprecher ein Mensch ist, der auf jede Art versucht wurde wie wir, ist er ein barmherziger und treuer Hoherpriester, der mit unseren Schwächen mitfühlt. Weil er versucht wurde, ist er fähig, denen beizustehen (diejenigen zu unterstützen, zu entlasten, denen zu helfen), die versucht werden (Hebr 2,17–18; 4,15).

Jesus wird von unserer Unfähigkeit, mit Sünden fertig zu werden, nicht abgestoßen. Er weiß, dass es für den Menschen unmöglich ist, aus eigener Kraft Sieg über Sünde zu gewinnen. Da er als Mensch auf der Erde wandelte, weiß er zu gut, dass die Gnade (Fähigkeit) Gottes die einzige Kraft ist, welche dazu BEFÄHIGT, über Sünde zu siegen. Im Lichte von Jesu Menschennatur, seiner Versuchung und seines Sieges über Sünde: *»Lasst uns also voll Zuversicht hingehen zum Thron der Gnade, damit wir Erbarmen und*

Gnade finden und so Hilfe erlangen zur rechten Zeit« (Hebr 4,16; in der KJV steht »in Zeiten der Not«).

Lasst uns zuversichtlich kommen in Zeiten der Not. Dies scheint eine Unmöglichkeit zu sein. Unsere Zeit der Not ist gewöhnlich dann gegeben, wenn wir zu Sünde hingezogen werden. Oder gelegentlich ist unsere Zeit der Not dann, nachdem wir gesündigt haben und es uns an Vertrauen mangelt, mit Gott weiter vorangehen zu können. Was auch immer der Fall sein mag, unsere Zeit der Not ist selten eine Zeit der Zuversicht. Doch der Heilige Geist fordert uns durch den Schreiber des Hebräerbriefes auf, kühn vor Gott zu treten, wenn wir in Not sind.

Wie könnte aber einer mit Zuversicht vor Gott kommen, wenn er das Verlangen hat zu sündigen? Die Antwort auf diese Frage ist der Schlüssel dazu, ob du lernen wirst, mit Hilfe der Gnade Sieg zu haben, oder weiterhin sündigst. Eine der größten Hemmschwellen für Zuversicht sind immer Menschen. Während Gott barmherzig und bereit ist zu vergeben, sind Menschen dies nicht. Wir dürfen es aber nicht zulassen, dass die Reaktion von Menschen unsere Aufrichtigkeit vor Gott und unser Vertrauen zu ihm beeinflusst. Obwohl uns die Menschen vielleicht ablehnen, tut Gott dies nicht.

Geh zu Gott hin – nicht von ihm weg!

Als Erstes und Wichtigstes müssen wir erkennen, dass wir uns einem Thron von Gnade, nicht von Urteil nähern. Die Religion hat uns ein solch armseliges, falsches Bild von Gott vor Augen gemalt, dass wir gewöhnlich in Zeiten der Not von Gott weg, anstatt zu ihm hin laufen. Selbst unter dem alten Bund war Davids Erkenntnis von Gottes Erbarmen der Schlüssel zum Sieg: *»Der Herr ist* *gnädig und barmherzig, langmütig und reich an Gnade. Der Herr ist gütig zu allen, sein ERBARMEN WALTET ÜBER ALL SEINEN WERKEN«* (Ps 145,8–9).

Weil es ein THRON DER GNADE ist, begreifen wir, dass es der Platz ist, wohin wir gehen, wenn wir Gottes Fähigkeit brauchen. Wir brauchen aber die Fähigkeit Gottes nur dann, wenn uns selbst die Fähigkeit mangelt. Es ist also einsichtig, dass Gott es so geplant hat, dass wir in Zeiten der Not zu ihm kommen. Religion wollte uns glaubhaft machen, dass wir nur dann zu Gott kommen können, wenn wir gut genug sind. Der Teufel (der Ankläger) will uns ins Ohr flüstern und uns zu überzeugen versuchen, dass Gott uns nur annimmt, wenn wir fehlerlos sind. Doch die Bibel sagt: »Komm zu mir, wenn du eine Not hast! Ich werde dir Gnade schenken!«

Es geht immer um Jesus

Zweitens müssen wir uns daran erinnern, dass wir uns dem Thron nicht aufgrund unserer Werke nähern. Meine Werke mögen vielleicht MEINE Zuversicht beeinflussen, was das Hinzutreten zu Gott betrifft, aber sie beeinflussen nicht SEINE Zuversicht. Die »Werksmentalität« sagt: »Wenn ich nicht würdig bin, wird Gott mich nicht erhören«. Meine Frage ist folgende: »Wann ist ›gut‹ gut genug?« Ganz gleich, wie viel du geleistet hast – der Teufel wird versuchen, dich zu überzeugen, dass es nicht genug war. Wenn du für 45 Minuten gebetet hast, wird er sagen, du hättest eine Stunde beten sollen. Hast du 30 Tage lang gefastet, wird er sagen, du hättest 40 Tage lang fasten sollen. Wenn du in deiner Bibel 5 Minuten lang liest, wird er sagen, du solltest 10 Minuten lesen. Aber dies alles ist »Werksmentalität«.

Selbst wenn du alle guten Werke getan und nicht gesündigt hättest, würde dich dies nicht in Gottes Gegenwart bringen. Glaube kann nicht auf deine persönliche Vollkommenheit gegründet sein, er muss sich auf das vollbrachte Werk des Herrn Jesus Christus stützen.

»Wir haben also die Zuversicht, Brüder, durch das Blut Jesu in das Heiligtum einzutreten. Er hat uns den neuen und lebendigen Weg erschlossen durch den Vorhang hindurch, das heißt durch sein Fleisch … Lasst uns mit aufrichtigem Herzen und voll Gewissheit des Glaubens hintreten …« (Hebr 10,19.20.22).

Glaube, der uns vor den Thron Gottes treten lässt, ist vollkommen auf den Herrn Jesus Christus gegründet. Ich bin aufgerufen, meine Zuversicht vor Gott auf das Werk des Herrn Jesus Christus zu gründen. Epheser 1,6 sagt von der Gnade: *»… mit der er uns begnadigt hat in dem Geliebten.«* Gott nimmt mich vor dem Thron an, weil ich in Jesus bin. Glaube glaubt es, weil es die Bibel sagt.

Deine Gefühle und Empfindungen werden dich belügen. Gefühle der Unwürdigkeit mögen dich überfluten, doch das verändert das Wort Gottes nicht. Tatsache ist: Von Jesus getrennt, **bist du unwürdig**. Doch dein Wert ist nicht auf dich selbst gegründet. Die Annahme durch Gott ist total auf Jesus gegründet. Du hast seine Gerechtigkeit. Wenn Gott dich ablehnen würde, müsste er Jesus ablehnen.

Angenommensein kommt allein durch Jesus zustande.

Wenn ich weiß, dass ich angenommen bin, bin ich fähig, Barmherzigkeit zu empfangen. Die Stelle im ersten Johannesbrief, Kapitel 1,9 wurde für Christen geschrieben. Es ist nicht ein Vers, der zu verwenden ist, um Verlorene zu gewinnen. Wenn ich meine Sünde bekenne, finde ich Gnade und Vergebung. Im Frieden der Gnade Gottes bin ich imstande, seine Fähigkeit (Gnade) zu ergreifen. Wenn ich seine Fähigkeit habe, kann ich die Versuchung überwinden, noch bevor ich ihr nachgebe. Wenn ich gefallen bin, kann ich wiederhergestellt werden.

Ohne sich der Annahme von Gott her bewusst zu sein, wird man niemals seine Gnade entgegennehmen. Sobald du meinst, Gerechtigkeit verdienen zu müssen, machst du die Gnade Gottes unwirksam. Doch indem du dieses vollkommene Angenommensein begreifst, kannst du dich mit Zuversicht dem Thron der Gnade nähern.

Für gewöhnlich ist die Zeit, in der wir es notwendig haben, zum Thron der Gnade zu kommen, nicht gerade die Zeit, in der unsere natürliche Zuversicht auf dem höchsten Stand ist. Die zwei Zeiten, in denen wir hauptsächlich Hilfe brauchen, liegen genau vor und nach dem Sündigen. Keine dieser Zeiten wäre eine Zeit der Zuversicht, wenn unsere Gewissheit, angenommen zu sein, auf unserer Leistung gegründet ist.

Wir sind durch Glauben gerecht

»Gerecht gemacht aus Glauben, haben wir Frieden mit Gott durch Jesus Christus, unseren Herrn« (Röm 5,1). Das Wort »gerecht gemacht« ist mit dem Ausdruck »rechtschaffen sein« verwandt. Eine Person, die gerecht gesprochen ist, wurde gerecht gemacht. Nur wenn wir Gerechtigkeit durch Glauben (nicht durch Werke) akzeptieren, wird bezüglich der Liebe, Annahme und Wertschätzung Gottes in unserem Herzen Friede sein. Ohne Frieden können wir nie mit Zuversicht zum Thron kommen.

Römer 5,2 fährt fort »*Durch ihn haben wir auch den Zugang zu der Gnade erhalten, in der wir stehen, und rühmen uns unserer Hoffnung auf die Herrlichkeit Gottes.*« Friede durch die Gerechtigkeit Jesu ist eine Vorbedingung für den Zugang zur Gnade. Wenn du nicht akzeptierst, dass du gerecht bist, kann die Gnade nicht fließen und nicht bewirken, dass du in der Kraft der Gerechtigkeit lebst.

Wenn deine Taten bestreiten, dass du gerecht bist, musst du deine Zuversicht in dem bewahren, wer du in Jesus bist. Du musst deine Gerechtigkeit so lange bekennen, bis dein Herz in ihr gegründet ist. Dann wird die Kraft der Gerechtigkeit auch dein Herz und deinen Verstand erfüllen.

Es ist nicht genug, eine Lehre über Glaubensgerechtigkeit zu haben. Du musst es in deinem Herzen glauben. Ein Weg, wie du erkennen kannst, was in deinem Herzen vorgeht, ist herauszufinden, was deine vorherrschenden Emotionen sind. Das Herz ist der Sitz von tiefen, bleibenden Gefühlen.

Wenn ich das Wort Gottes bekenne, versuche ich nicht, Gott dazu zu bringen, etwas zu tun. Vielmehr versuche ich, mein Herz wieder auf den richtigen Weg zurückzubringen. Ich konzentriere mich auf meinen Glauben. Ich »entfache« die Gabe Gottes, die in mir ist. Ich überzeuge mein Herz von der Wahrheit.

Eine Versuchung ist nur so mächtig,
wie sie deine Emotionen beeinflussen kann.

Oftmals hatte ich Versuchungen, die sehr mächtig erschienen. (Erinnere dich, eine Versuchung ist nur so mächtig, wie sie Einfluss auf unsere Gefühle hat). Ich musste beginnen, die Wahrheit darüber auszusprechen, wer ich in Jesus bin, über die Gerechtigkeit Gottes in mir, über meinen Sieg und meine Freiheit gegenüber Sünde. Plötzlich änderten sich meine Gefühle. Ich fühlte mich gerecht.

Es war niemals möglich, mich in Sünde »fallen zu lassen«, wenn ich mich gerecht fühlte. Ich mied die Sünde nicht nur; sie verlor für mich ihre Anziehungskraft. Die Sache, die so attraktiv, so folgerichtig, so annehmbar aussah, erschien mir nun hässlich und nicht begehrenswert. *»Denn alles was aus Gott geboren ist, überwindet die Welt; und dies ist der Sieg, der die Welt überwunden hat: unser Glaube«* (1Joh 5,4 ELB).

Kapitel 7

Die vielfältige Gnade Gottes

Wir alle sind uns der Tatsache bewusst, dass wir durch Gnade errettet sind, oder etwa nicht? Vor kurzem fragte ich in einer Bibelschulrunde: »Wie werden wir gemäß Epheser 2,8 errettet?« Sehr schnell antwortete jeder: »Durch Glauben.« Während dies offensichtlich stimmt, übersehen wir ein wesentliches Detail. Epheser 2,8 sagt eigentlich: *»Denn aus GNADE seid ihr durch den Glauben errettet.«* Es ist tatsächlich Gottes Gnade, die uns rettet. Es ist auch wahr, dass Gnade durch Glauben kommt. Wenn wir die Wahrheit glauben, kommt Gottes Gnade in unser Herz und verändert uns. Glaube bringt Gnade, doch die Gnade ist es, die Veränderung bringt.

Bei der Neugeburt beschränken die meisten von uns Gottes Gnade auf die Vergebung der Sünden. Wir tun dies, weil wir außer der Vergebung nichts kennen, wofür wir unseren Glauben einsetzen könnten. Wir wurden gelehrt, dass Gott uns unsere Sünden vergeben wird und uns in den Himmel nimmt, wenn wir sterben. Weil Glaube durch das Hören von Gottes Wort kommt, glauben wir entsprechend dem Ausmaß an Wahrheit, das wir gehört haben. Da wir diesem Ausmaß gemäß das Ziel unseres Glaubens erreichen, erlangen viele nicht mehr von Gott als die Neugeburt, die offensichtlich das Wichtigste von allem darstellt. Obwohl die Neugeburt das Wichtigste ist, ist sie nicht die Gesamtheit all dessen, was Jesus am Kreuz für uns vollbracht hat.

Das Wort »erretten« kommt vom griechischen Wort »sozo«. Dieses griechische Wort bedeutet: »retten«, »befreien«, »schützen«, »heilen«, »bewahren«, »wohl tun«, »vollkommen machen«, »sicher aufbewahren«, »vor dem Untergang retten« usw. Obwohl dies die Vergebung von Sünden beinhaltet, ist es weit mehr als die Vergebung der Sünden. »Sozo« spricht von all dem, wofür Jesus starb, um es uns zu geben. Es ist nicht nur eine Errettung aus Sünde; es ist eine Befreiung von den Folgen der Sünde.

Gnade für jedes Bedürfnis

Der erste Petrusbrief spricht in Kapitel 4,10 von der vielfältigen Gnade Gottes. »Vielfältig« bedeutet: verschieden oder vielseitig. Mit anderen Worten, Gottes Gnade hat viele Seiten, Facetten oder Dimensionen. Wir sollten gute Verwalter von jedem Gnadenmaß Gottes werden. Seine Gnade sollte in jedem Bereich unseres Lebens wirken, um dadurch in all dem fest gegründet zu sein, was Jesus für uns zur Verfügung hat.

Weil wir Glauben einsetzen um Gnade zu bekommen, und weil Glaube vom Hören der frohen Botschaft Jesu kommt (Röm 10,17), müssen wir für jeden Bereich die Verheißungen Gottes hören und lernen, damit wir beginnen können, für die jeweilige Not Glauben zu entwickeln. Denk immer daran, dass Gottes Gnade nicht automatisch wirkt. Sie wirkt nur in den Bereichen, in denen wir Glauben ausüben. Glauben können wir aber nur für die Bereiche entwickeln, in Bezug auf die wir die frohe Botschaft über Jesus gehört haben.

Gott will, dass wir sein Heil in jedem Lebensbereich erfahren. Weil wir von der vergebenden Gnade gehört und daran geglaubt haben, empfingen wir sie. Wir erhielten Gottes Fähigkeit, das zu tun, was wir in unserer eigenen Fähigkeit nicht tun konnten. Doch Gott kann den Nöten in jedem Bereich von jedermanns Leben begegnen.

Glaube bringt Gnade, doch Gnade bringt Veränderung.

Die vielfältige Gnade Gottes kann dir in jedem Bereich Gottes Fähigkeit geben. Du musst jedoch die frohe Botschaft (das Evangelium) darüber hören, was Jesus für dich in einem bestimmten Bereich erreicht hat. Dann musst du in deinem Herzen glauben und Jesus als Herrn über diesen Lebensbereich bekennen. Gott hat die Fähigkeit, dich zu heilen. Er kann dich von jeder Gebundenheit befreien, in der du gefangen bist. Er hat Gnade für jeden erdenklichen Bereich der Not, dem du jemals gegenüberstehen wirst. Wie bei der Gnade der Neugeburt, musst du für diesen Bereich in deinem Herzen glauben und mit deinem Mund Gottes Wort bekennen. Ohne Glauben kann seine Gnade nicht erlangt werden (Eph 2,8). Gnade kann nur durch Glauben ergriffen werden. Kümmere dich nicht zu sehr darum, wie viel Glaube nötig sei, um diese Gnade zu empfangen. In den meisten seiner Lehren über den Glauben betonte Jesus nicht die Notwendigkeit, viel Glauben zu haben. Er betonte vielmehr, wie wenig Glauben nötig sei, um irgendetwas zustande zu bringen.

Viele wiedergeborene Gläubige nehmen Anstoß an der Glaubensbotschaft. Dies meist deshalb, weil sie versuchten sie anzuwenden und es nicht funktionierte. So entschieden sie, dass diese Botschaft nicht wahrheitsgetreu sei. Doch wie oft hast du Gott nur getestet, bevor du dich ihm echt anvertraut hast? Wie viele Male hast du dich an »Religion« versucht, bevor du dich der Herrschaft Jesu untergeordnet hast? Wie oft gingst du einfach nur zur Kirche, bevor du wirklich zu Jesus gingst?

Aber Glaube funktioniert nicht, weil wir etwas versuchen. Glaube wirkt, weil wir von etwas überzeugt sind, was wir im Wort Gottes finden. Das, wovon wir überzeugt sind, ist nicht so sehr etwas, was wir bloß anerkennen, sondern etwas, was wir in unserem Herzen glauben und dann auch bekennen. Dadurch erfahren wir »sozo«. Gottes Fähigkeit zu tun, was wir nicht tun konnten, beginnt dann in uns zu wirken. Für jeden Bereich unserer Not gibt es Gnade, und wir sollen von diesem Gesichtspunkt aus alles zu betrachten lernen. Die vielfältige Gnade Gottes kann uns in jedem Bereich befähigen, für den es im Wort Gottes eine Verheißung gibt, die wir glauben, bekennen und in Empfang nehmen.

Es gibt für jedes Bedürfnis Gnade.

Was den Glauben betrifft ...

Obwohl ich sehr fest an viele Dinge glaube, die in der Glaubensbewegung gelehrt werden, denke ich, dass die Zeit für uns gekommen ist, damit aufzuhören, den Glauben als ein Mittel zu entwickeln und zu verwenden, um Dinge zu bekommen. Es ist Zeit, Glaube einzusetzen, um Gnade zu empfangen.

Es liegt nichts Falsches darin, Dinge zu wollen, solange wir nicht unser Herz an sie verlieren. Gott weiß, dass wir Dinge brauchen. *»Euer himmlischer Vater weiß, dass ihr DAS ALLES BRAUCHT«* (Mt 6,32). Wir brauchen Dinge, aber sie sollten nicht das Ziel unseres Glaubens sein. Wir sollten nicht unsere Betonung darauf legen.

Als wiedergeborene Christen sollten wir wissen, dass Gott möchte, dass wir diese Dinge haben und dass er uns diese Dinge auch sicher geben wird. Wir sollten aber Folgendes zu unserer höchsten Priorität machen: »*Trachtet aber zuerst nach dem Reich Gottes und nach seiner Gerechtigkeit*« (Mt 6,33 ELB). Der Wunsch, in Gerechtigkeit gegründet zu sein und nach dem Reich Gottes zu trachten, sollte an erster Stelle stehen. Ich will meinen Glauben dazu verwenden, um die Gnade für Veränderung zu erlangen. Ich möchte viel lieber Charakter und Integrität haben, als dass ich irgendeines der Dinge bekomme, die Vergnügen bringen.

Ich fand heraus, dass mir als ein wunderbares Nebenprodukt meines Gegründetseins im Königreich Gottes all diese Dinge hinzugefügt werden (Mt 6,33). Ich muss Gott nicht anbetteln oder mit ihm den Fall erörtern. Er hält nichts vor mir zurück.

Tatsächlich habe ich gemäß 2. Petrus 1,3 (ELB) bereits alles, was ich brauche: »*Da seine göttliche Kraft uns alles zum Leben und zur Gottseligkeit geschenkt hat durch die Erkenntnis dessen, der uns berufen hat durch seine eigene Herrlichkeit und Tugend*«. Gott hat bereits all das in mich hineingelegt, was ich im Leben je brauchen werde. Ich muss Gott nicht erst dazu bewegen, mir irgendetwas zu geben. Ich habe bereits alles. Indem ich dies verstehe und daran glaube, fließt aus meinem Herzen die Gnade, es auch zur Auswirkung zu bringen.

Das Buch der Sprichwörter 12,28 (ELB) sagt: »*Auf dem Pfad der Gerechtigkeit ist Leben, aber der Weg der Rachsüchtigen führt zum Tod*«. Wir versuchen oft, den Segen Gottes zu dem Platz hinzubekommen, wo wir sind. Wir wollen in Unglauben bleiben und wünschen, dass uns Gott von den Auswirkungen desselben befreit. Das kann aber nicht geschehen.

Wenn ich den Weg, den Pfad oder den Bereich der Gerechtigkeit betrete, dann finde ich auf diesem Weg alles, was zum Leben gehört, und ich vermeide jene Dinge, die Zerstörung bringen. Es ist das Prinzip des »Zufalls«. Das Wörterbuch Funk & Wagnalls definiert »Zufall« als »das Ereignis, eine glückliche Entdeckung zu machen, ohne danach zu suchen«.

Als ich ein Kind war, spazierten mein Bruder und ich in die Stadt, um einen Nachmittag voller Spaß zu genießen. Auf dem Weg fand ich eine kleine Geldbörse mit ein wenig Geld darin. Ich suchte nicht danach. Ich fand es auf meinem Weg, als ich etwas ganz anderes tun wollte. Dies ist das Prinzip des »Zufalls«.

Gerechtigkeit ist ein freies Geschenk.

Die Dinge, für die wir versuchen, unseren Glauben einzusetzen um sie zu bekommen, können leichter gefunden als erhalten werden. Ein Spaziergang auf dem Pfad der Gerechtigkeit wird dich zu all dem führen, was Gott für ein wunderbares, erfüllendes, überreiches Leben zur Verfügung hat. Die Verwirrung kommt jedoch, wenn wir meinen, wir sprechen hier von unserer Gerechtigkeit. Im neuen Bund ist der Pfad der Gerechtigkeit für den Gläubigen kein Erbringen von Leistung; diesen Pfad zu gehen bedeutet vielmehr, die Gerechtigkeit Jesu als freies Geschenk anzunehmen.

Das Geschenk, über das die Leute stolpern

Doch leider wird den Menschen, wenn sie errettet werden, selten die Wahrheit gelehrt, die sie freisetzen kann. Es wird ihnen die

Wahrheit vermittelt, die sie in den Himmel bringen wird, aber selten wird ihnen die Wahrheit gesagt, die sie von der Macht der Sünde befreit.

Alles, was wir zu betonen scheinen, ist die Notwendigkeit, Jesus als Retter anzunehmen. Obwohl dies unentbehrlich ist, wird es mehr als ein Endresultat dargestellt anstatt als Ausgangspunkt. Die meisten Menschen akzeptieren Jesus als ihren Retter und versuchen FÜR ihn ein gerechtes Leben zu führen. Wir müssen ihn jedoch als unsere Gerechtigkeit annehmen, denn nur dann können wir IN ihm ein göttliches Leben führen.

Römer 9,32–33 spricht vom Stolperstein des Evangeliums: *»Sie stießen sich am ›Stein des Anstoßes‹, wie es in der Schrift heißt: Siehe, ich richte in Zion einen Stein auf, an dem man anstößt, einen Fels, an dem man zu Fall kommt. Wer an ihn glaubt, wird nicht zu Grunde gehen.«* Auf den ersten Blick meinen wir, dass Jesus als Retter dieser Stolperstein sei.

Ein näheres Betrachten lässt erkennen, dass Jesus nicht als Retter der Stein des Anstoßes war. Jesus als Gerechtigkeit ist DER Stolperstein des Evangeliums. Lies die Verse 30–32. Sie enthüllen klar die Quelle der Gerechtigkeit als das Ding, worüber die Menschen stolpern werden.

»Was heißt das nun? Heiden, die die Gerechtigkeit nicht erstrebten, haben Gerechtigkeit empfangen, die Gerechtigkeit aus Glauben. Israel aber, das nach dem Gesetz der Gerechtigkeit strebte, hat das Gesetz verfehlt. Warum? Weil es ihm nicht um die Gerechtigkeit aus Glauben, sondern um die Gerechtigkeit aus Werken ging. Sie stießen sich am ›Stein des Anstoßes‹.«

Alles in Römer 10 folgt diesem Gedanken. Die Verse 3–4 verkünden: *»Da sie die Gerechtigkeit Gottes verkannten und ihre eigene aufrichten wollten, haben sie sich der Gerechtigkeit Gottes nicht* *unterworfen. Denn Christus ist das Ende des Gesetzes, und jeder der an ihn glaubt, wird gerecht.«*

Wenn dies von Menschen spricht, die sich nicht der Gerechtigkeit Gottes unterwerfen wollen, so geht es nicht um Menschen, die schwere Sünde begehen. Vielmehr sind Menschen gemeint, die ein ordentliches Leben führen. Sie lehnen die einzige Gerechtigkeit, die für Gott annehmbar ist, ab zugunsten der Gerechtigkeit, auf die sie vertrauen: die Gerechtigkeit aufgrund ihrer Leistungen.

Indem das Kapitel 10 fortfährt zu erklären, wie Errettung kommt, spricht es noch immer über Gerechtigkeit, die für Gott annehmbar ist. Römer 10,5 erklärt Werkgerechtigkeit: *»Mose schreibt: Wer sich an die Gesetzesgerechtigkeit hält in seinem Tun, wird durch sie leben.«* Mit anderen Worten, wenn du durch dein Tun gerecht sein willst, darfst du niemals versagen oder eine Sünde begehen, weil das Gesetz nur absolute Vollkommenheit anerkennt.

Ich will keine solche Art von Beziehung mit Gott. Das ist die Art Religion (nicht Christentum), die die Menschen verrückt werden lässt. Die psychiatrischen Kliniken sind voll von Menschen, die unter den Bemühungen, durch Leistung Vollkommenheit zu erreichen, zusammengebrochen sind.

Römer 10,6–8 beginnt jene Gerechtigkeit zu beschreiben, die Gott als kostenlose Gabe anbietet: *»Die Glaubensgerechtigkeit aber spricht: Sag nicht in deinem Herzen: Wer wird in den Himmel hinaufsteigen? Das hieße: Christus herabholen. Oder: Wer wird in den Abgrund hinabsteigen? Das hieße: Christus von den Toten herausführen. Was also sagt sie? Das Wort ist dir nahe, es ist in deinem Mund und in deinem Herzen. Gemeint ist das Wort des Glaubens, das wir verkündigen.«*

Niemand muss erst kommen und dir dies geben. Niemand muss irgendwo hingehen, um es zu bekommen. Es liegt bereits in deinem Herzen als Ergebnis davon, dass Jesus in dein Leben gekommen ist.

Römer 10,9 sagt: »*... denn wenn du mit deinem Munde bekennst: ›Jesus ist der Herr‹ und in deinem Herzen glaubst: ›Gott hat ihn von den Toten auferweckt‹, so wirst du gerettet werden.*« Errettung ist das Ergebnis von Glauben und Bekennen. Doch was ist die Ursache für Errettung?

Römer 10,10 erklärt, was Errettung bringt: »*Wer mit dem Herzen glaubt und mit dem Mund bekennt, wird Gerechtigkeit und Heil erlangen.*« Was Errettung bringt, ist die Gerechtigkeit, die durch den Glauben an das vollbrachte Werk Jesu erlangt wird. Ein Mensch GLAUBT zur GERECHTIGKEIT; er HANDELT nicht zur Gerechtigkeit. Er leistet nichts zur Gerechtigkeit.

Du magst vielleicht an Jesus geglaubt und ihn als deinen Herrn anerkannt haben, aber hast du ihn als deine Gerechtigkeit akzeptiert? Wenn nicht, dann bist du bis zu dem Maß begrenzt, wie du mit deiner eigenen Fähigkeit gerecht leben kannst.

Die Straße der Gerechtigkeit ist gesäumt von den Segnungen Gottes.

Obwohl es viel Betrübnis für die Gerechten gibt (Betrübnisse kommen von der Welt, wenn ich ein gottgefälliges Leben lebe), habe ich herausgefunden, dass mich Gott täglich mit Wohltaten überhäuft. Die Straße der Gerechtigkeit ist gesäumt mit den Segnungen Gottes. Ich muss nicht suchen und mich abmühen, um sie zu finden; ich hebe sie einfach auf, während ich gehe. Gott fügt sie mir hinzu. Die Gnade (Fähigkeit) für Dinge wird dann ein Nebenprodukt des Charakters (der Veränderung), der in meinem Leben zum Vorschein kommt.

Aus diesem Grund muss ich, um Gnade in all den verschiedenen Lebensbereichen zu empfangen, in Wahrheit annehmen, dass ich in Jesus gerecht bin. Die mannigfaltige, vielseitige, facettenreiche Gnade Gottes wirkt in den vielen Bereichen meines Lebens, weil ich glaube, dass ich gerecht bin.

Kapitel 8

Gnade im Herzen

Thayers Lexikon sagt: »Gnade ist ein göttlicher Einfluss, der im Herzen arbeitet, der stärkt und jemanden befähigt.« Die Fähigkeit Gottes arbeitet im Herzen und vom Herzen aus, und somit ist der Zustand des Herzens von allergrößter Bedeutung, wenn wir Gnade erörtern. Tatsächlich führt Gott alles, was er in uns tut, im Herzen und durch das Herz aus. *»Gott sieht nämlich nicht auf das, worauf der Mensch sieht. Der Mensch sieht, was vor den Augen ist, der Herr aber sieht das Herz«* (1Sam 16,7). Da Gott auf das Herz sieht und sich durch das Herz mit uns verbindet, ist es von allergrößter Wichtigkeit, dass wir die Ermahnung im Buch der Sprichwörter, Kapitel 4,23 beachten: *»Mehr als alles hüte dein Herz; denn von ihm geht das Leben aus.«* Dies besagt, dass der Zustand unseres Herzens bestimmt, wie unser Leben ist.

Werkgerechtigkeit funktioniert nicht.

Da Gnade vom Herzen aus wirkt und das Ergebnis von Glaube ist, wird sie immer dem natürlichen Verstand diametral entgegengesetzt sein. Der natürliche Verstand tut Dinge in seiner eigenen Kraft. Der natürliche Verstand wird jemanden immer auf das Maß der eigenen Fähigkeiten beschränken. Deswegen erfüllen nur wenige Leute ihre Berufung oder ihre Begabungen in vollem Ausmaß.

Der natürliche Sinn führt zu Zerstörung

»Was kein Auge gesehen und kein Ohr gehört hat und in keines Menschen Herz gekommen ist, was Gott denen bereitet hat, die ihn lieben« (1Kor 2,9). *»Denn das Trachten des Fleisches ist Feindschaft gegen Gott; es unterwirft sich nicht dem Gesetz Gottes und kann es auch nicht«* (Röm 8,7). Der natürliche Verstand kann weder sehen noch erfassen, was Gott für uns bereithält oder was er durch uns zu tun imstande ist. Selbst wenn er das kann, ist er dem Gesetz Gottes nicht untergeordnet. In anderen Worten, sogar wenn er es erkennt, kann er es nicht zur Ausführung bringen.

Der natürliche Verstand ist dazu bestimmt, alles in Übereinstimmung mit der Sicht der Welt durchzudenken. Er wurde ausgebildet, sich selbst auf diesen Bereich zu beschränken. Er kann als eine Geisteshaltung bezeichnet werden, die darauf ausgerichtet ist, die Dinge aus der Sicht der Welt anstatt aus Gottes Sicht zu betrachten.

Römer 8,5 beschreibt den natürlichen Verstand als eine Geisteshaltung, die vom »Fleisch bestimmt« ist. Die englische Bibelübersetzung *New International Version* sagt, dass er von »dem bestimmt ist, was die Natur begehrt«. Erinnere dich, das »Fleisch« ist unser Versuch, durch die Werke des Fleisches gerecht zu werden. Eine Geisteshaltung, die auf Werkgerechtigkeit ausgerichtet ist, wird stolpern, fallen und zerstört werden. Eine Geisteshaltung, die Gerechtigkeit durch Leistung erlangen will, wird ein Herz hervorbringen, das versucht, durch Leistung gerecht zu sein. Das bedeutet »im Fleisch zu sein«. Die Person »im Fleisch« wird immer wieder in den Werken des Fleisches enden, wie sie im Buch der Galater aufgelistet sind.

Neben einer Lebensweise, die Verurteilung bringt, wird ein Herz voller Werkgerechtigkeit niemals in die Ruhe hineinkommen; es wird immer geplagt sein. Römer 8,1 warnt vor einem Leben, das vom Fleisch bestimmt wird: *»Jetzt gibt es keine Verurteilung mehr für die, welche in Christus Jesus sind (welche nicht dem Fleisch folgen, sondern dem Geist).«*

Das Wort »Verurteilung« bedeutet »ein verdammender Urteilsspruch«. Die Person, die versucht, durch Werke anerkannt zu werden, wird immer mit dem Schlimmsten rechnen. Sie erwartet immer Strafe. Auf der anderen Seite ist eine Person »im Geist« immer mit Hoffnung erfüllt, das heißt voller zuversichtlicher Erwartung von Gutem. Gemäß Hebräer 11,1 kann Glaube nur dort wirksam sein, wo auch Hoffnung ist.

Nur ein Herz, das mit Gnade durchdrungen ist, wird es Gott erlauben, all seine Verheißungen zu erfüllen. Ein Herz, das zulässt, dass Gnade in ihm wirkt, vertraut Gott und seinem Wort ausdrücklich. Das Wort »glauben« bedeutet mehr als eine verstandesmäßige Zustimmung. Die *Amplified Bible* (erweiterte englische Bibelübersetzung) übersetzt »glauben« auf folgende Weise: vertrauen auf, sich verlassen auf, festhalten an. Biblischer Glaube ist ein Glaube, der die Verheißung in die Praxis umsetzt und sich auf Gottes Wort verlässt.

Stolz und Furcht sind zwei Produkte des Herzens

Stolz ist wie Glaube ein Produkt des Herzens. Das stolze Herz ist unbelehrbar und rechthaberisch. Stolz hat nach seiner Meinung immer Recht. Hochmütiger Stolz ist leicht zu erkennen. Rechthaberischer Stolz ist manchmal ein bisschen schwieriger zu identifizieren. Manchmal ist Rechthaberei Selbstüberschätzung, aber manchmal kann sie eine Unterschätzung dessen sein, was Gott in einem zu tun vermag. In jedem Fall beschränkt Stolz jemanden auf seine eigenen Fähigkeiten, weil Stolz immer sagt: »So, wie ich es sehe, ist es richtig.« Deswegen ist Stolz in seinen verschiedenartigen Formen im Grunde genommen Selbstverwirklichung. Stolz stützt sich auf den »Arm des Fleisches«. Er schaut auf die Verheißung Gottes und sagt: »Ich kann es nicht. Ich weiß, was die Bibel sagt, aber ich kann es nicht.« Stolz wird immer eine Ausrede dafür haben, weshalb Gott nicht vertraut werden kann, was immer zu einer Ausrede führt, weshalb es unmöglich sei, Gott zu gehorchen. Unglücklicherweise fasst der Großteil der Kirchenwelt jene Ausreden als Demut auf. Dies ist anmaßende Rechthaberei, eine eitle Einbildung, die sich selbst gegen das Wort Gottes erhebt.

Weit entfernt von Demut, führt dies zu bösem Unglauben. Hebräer 3,12 sagt *»Gebt acht, Brüder, dass keiner von euch ein böses, ungläubiges Herz hat.«* Der Grund, weshalb Unglaube so böse ist, kann ganz einfach erklärt werden. Glaube ist eine Reaktion auf Gottes Charakter. Glaube ist die natürliche Antwort für jemanden, der von Gottes Ehrlichkeit überzeugt ist. Auch Unglaube ist eine Antwort auf Gottes Charakter. Unglaube glaubt nicht an die Ehrlichkeit Gottes. Deswegen ist aller Unglaube böse.

Eigentlich ist jeder Unglaube mit Angst verbunden. Das Herz der Sündennatur besteht nicht im Wunsch, Böses zu tun. Als ich noch verloren war, wollte ich Gutes tun. Ich hatte nur nicht die Kraft, es zu tun. Natürlich glaubte ich auch nicht, dass Gott mir die Fähigkeit »recht zu leben« geben würde.

Glaube ist eine Antwort auf Gottes Charakter.

Der Hebräerbrief lehrt, dass Jesus uns von Angst freisetzen musste, um uns von der Knechtschaft des Bösen zu befreien. Ich glaube, dass das Herz der Sündennatur Angst ist. Weil Menschen Gott fürchten, werden sie ihm nicht vertrauen. Weil sie ihm nicht vertrauen, wenden sie sich der Sünde zu, um Vergnügen zu haben.

Alle verlorenen Menschen sind »im Fleisch«. Sie bestimmen Gerechtigkeit anhand von Leistung; deswegen leben sie in Angst. Doch wann kannst du jemals genug tun, um einen vollkommenen Gott zufrieden zu stellen? Unglücklicherweise akzeptieren die meisten Christen Jesus nicht als ihre Gerechtigkeit und so leben sie weiterhin in Angst.

Wir sind alle im Geist, wenn wir Jesus als Herrn annehmen. Traurigerweise wandeln wir nicht alle im Geist, oder wie eine Übersetzung es ausdrückt: »Wir halten mit dem Geist nicht Schritt«. Deswegen bleiben wir auf die Kraft des Fleisches und auf die Früchte (Werke) des Fleisches beschränkt. 1. Johannes 4,18 sagt uns, dass Angst mit Bestrafung zu tun hat. Wenn wir unsere Gerechtigkeit durch unsere Leistung bestimmen, dann leben wir in Angst vor Bestrafung. Du kannst nicht einem Gott vertrauen (Ihm glauben), von dem du meinst, dass er gegen dich sei. Angst wird nicht eher weichen, bis wir Jesus als unsere Gerechtigkeit annehmen. Dann kommt Glaube (Vertrauen), und die Angst verschwindet.

Es braucht Demut, um Gottes Gerechtigkeit zu empfangen. Jakobus 4,6 sagt, »*Gott tritt den Stolzen entgegen, den Demütigen aber schenkt er Gnade.*«

Demut ist keine depressive Grundstimmung. Demut ist nicht Schwäche. Demut ist eine Haltung, in der du deinen Willen, deine Ansicht und deine Pläne dem Willen, der Ansicht und dem Plan Gottes unterordnest.

Als Christen haben wir nicht das Recht, irgendeine Ansicht oder Meinung zu haben, die nicht in Übereinstimmung mit der von Gott ist. Eine von Gott abweichende Meinung beizubehalten ist sicherlich der anmaßendste Stolz.

Demut sagt: »Wenn Gott sagt, dass ich kann, dann kann ich. Wenn Gott sagt, dass ich bin, dann bin ich. Wenn Gott sagt, dass ich habe, dann habe ich.« Also, mit einem Herzen voll Demut und Ehrfurcht hängt es dann von Gott ab, die benötigte Kraft zu schenken. Demut ist von Gott abhängig und gibt für eine gut getane Arbeit freudig alle Ehre ihm. Wenn sich durch die Gnade Gottes das Leben verändert hat oder wenn Wunder geschehen, dann erhält Jesus alles Lob. Römer 3,27 sagt es so: *»Kann man sich da noch rühmen? Das ist ausgeschlossen. Durch welches Gesetz? Durch das Gesetz der Werke? Nein, durch das Gesetz des Glaubens.«*

Der erste Korintherbrief sagt dazu: *»... sondern das Törichte in der Welt hat Gott erwählt, um die Weisen zuschanden zu machen und das Schwache in der Welt hat Gott erwählt, um das Starke zuschanden zu machen. Und das Niedrige in der Welt und das Verachtete hat Gott erwählt: das was nichts ist, um das, was etwas ist, zu vernichten, DAMIT KEIN MENSCH SICH RÜHMEN KANN VOR GOTT. ... Wer sich also rühmen will, der rühme sich des Herrn; so heißt es schon in der Schrift«* (1Kor 1,27–29; 1,31).

Es ist der Wille Gottes, dass Jesus allen Ruhm erhält, weil alles durch seine Kraft vollbracht wird, die in uns wirkt.

Da Gnade im Herzen wirkt, kommt die Veränderung von innen heraus. Es ist nicht etwas, was du erzwingen oder mit deiner eigenen Kraft tun musst. Wenn es vom Herzen kommt, wird es so natürlich wie Atmen sein. Wegen der Gnade im Herzen können wir alles sein und tun, was Gott fordert, und dennoch in Ruhe bleiben. Ruhe bedeutet nicht, nichts zu tun oder passiv zu sein. Ruhe ist Freiheit von toten Werken. Ruhe bedeutet, dass ich nicht für Gerechtigkeit und Annahme arbeiten muss.

Weil ich davon befreit bin, mittels »toter Werke« Gerechtigkeit und Annahme zu erlangen, kann ich meinen Glauben für Gerechtigkeit einsetzen und Gnade wird Frucht tragen. Obwohl du offensichtlich zu jenen gehörst, die »recht« leben wollen, ist es Zeit, den Schwerpunkt deiner Sichtweise neu auszurichten. Es ist Zeit, dass du dich auf dein Herz konzentrierst.

Das sollte ich tun, es meldet sich öfters und ruft nach meiner Aufmerksamkeit.

Kapitel 9

GNADE DURCH GERECHTIGKEIT

Unter dem Gesetz versuchte der Mensch aus eigener Kraft vor Gott gerecht dazustehen. Dies wird »Werkgerechtigkeit« genannt. Die Schwäche des Gesetzes war jedoch das Fleisch (Röm 8,3). Kein Fleisch wurde jemals durch das Gesetz gerechtfertigt (gerecht gemacht – Gal 2,16). Niemand war je fähig, mit eigener Kraft die Ansprüche zu erfüllen.

Im neuen Bund geht es um »Glaubensgerechtigkeit«. Das erkennen zwar viele Menschen an, doch nur wenige verstehen wirklich, was dies bedeutet und wie es funktioniert. Wenn wir von Gerechtigkeit sprechen, denken wir für gewöhnlich an Moral, Charakter oder Taten. Wenn auch Gerechtigkeit diese Dinge hervorbringt, sind diese nur die Frucht von »Glaubensgerechtigkeit«. An und für sich sind sie nicht die Gerechtigkeit.

Im Brief an die Philipper listet Paulus in Kapitel 3 sein »Zeugnis der Werkgerechtigkeit« auf. In Vers 8 sagt er, dass er alle diese Dinge als »Mist« erachte. Er will nicht, dass seine Beziehung zu Gott auf eigene Leistungen und moralische Maßstäbe gegründet ist; er will sich in Glaubensgerechtigkeit mit Gott verbinden und verlangt danach: »*... in ihm zu sein. Nicht meine eigene Gerechtigkeit suche ich, die aus dem Gesetz hervorgeht, sondern jene, die durch den Glauben an Christus kommt, die Gerechtigkeit die Gott aufgrund des Glaubens schenkt*« (Phil 3,9).

Jesus ist unsere Gerechtigkeit. Er war seinem Vater im Leben, im Tod und in der Auferstehung vollkommen gehorsam. Die folgenden Schriftstellen veranschaulichen, dass Jesus selbst zu unserer Gerechtigkeit gemacht wurde.

Römer 3,25–26 (ELB): *»Ihn hat Gott dargestellt zu einem Sühneort durch den Glauben an sein Blut zum Erweis SEINER GERECHTIGKEIT wegen des Hingehenlassens der vorher geschehenen Sünden unter der Nachsicht Gottes; zum Erweis SEINER GERECHTIGKEIT in der jetzigen Zeit, dass er gerecht sei und den rechtfertige, der des Glaubens an Jesus ist.«*

Römer 5,17 fährt fort, die Gerechtigkeit als ein Geschenk zu beschreiben. *»Denn wenn durch die Übertretung des einen der Tod durch den einen geherrscht hat, so werden vielmehr die, welche die Überschwänglichkeit der Gnade und der Gabe der Gerechtigkeit empfangen, im Leben herrschen durch den einen, Jesus Christus.«* Schließlich sagt 1. Korinther 1,30 ganz klar, dass Christus selbst uns zur Gerechtigkeit gemacht wurde: *»Von ihm seid ihr in Christus Jesus, den Gott für uns zur Weisheit gemacht hat, zur Gerechtigkeit, Heiligung und Erlösung.«* Obwohl es zahlreiche andere Schriftstellen über das Geschenk der Gerechtigkeit gibt, sollten diese ausreichend sein, um die Quelle unserer Gerechtigkeit zu bezeugen.

Wir wurden nicht entschuldigt, sondern mit Kraft ausgerüstet

Jesus als unsere Gerechtigkeit entbindet uns nicht von einem Leben in Gerechtigkeit; es wird nur festgestellt, wo die Quelle unserer Kraft liegt, um recht leben zu können. Es wird klar bestimmt, was uns vor Gott annehmbar macht. Es gibt also keine Entschuldigung für ein Leben in der Sünde, sondern dieses Wissen nimmt uns die Möglichkeit, Gottlosigkeit zu entschuldigen. Wenn Gerechtigkeit ein Geschenk ist, haben wir keinen Grund, anders als gerecht zu leben.

Wir müssen jedoch bedenken, dass eine Person, die nicht an die Kraft der Gerechtigkeit durch den Herrn Jesus Christus glaubt, diese nie im praktischen Bereich erfahren wird. Sie wird durch das Leben taumeln, während sie versucht, gerecht zu leben. Manchmal wird sie es schaffen, manchmal nicht.

Satan überlistet uns, indem er uns dazu bringt, auf unsere Leistung zu schauen, um so unsere Gerechtigkeit zu bestimmen. Er gebraucht immer das Gesetz, um uns zu richten. Wenn wir uns erst einmal auf das Gesetz einlassen, treten wir in die Erkenntnis von Sünde ein. Mit diesem Wissen um Sünde kommen Verdammnis, Angst, Entmutigung und Depression.

Jesu Gerechtigkeit ermächtigt die Gläubigen.

Wir brauchen nicht auf unsere Leistung zu schauen, um unsere Gerechtigkeit zu bestimmen. Wir müssen uns nur eine Frage stellen: »Bin ich in Jesus?« Wenn ich in Jesus bin, dann habe ich Teil an seiner Gerechtigkeit. Ich bin nicht mehr von meiner eigenen Gerechtigkeit abhängig.

Erinnere dich: Dies führt zu keiner Entschuldigung; dies führt zur Befähigung. Weil ich erkenne, dass ich gerecht bin, weil mein Herz davon überzeugt ist, wird Gnade aus meinem Herzen fließen. Wie der Apostel Paulus will ich jedes Vertrauen auf irgendeine Leistung in meiner Vergangenheit völlig aufgeben.

Paulus hat klar erkannt, dass die Ergebnisse des Verzichts auf Werkgerechtigkeit und des Eintretens in die Glaubensgerechtigkeit das Wissen und die Teilnahme an der Auferstehungskraft Jesu sein werden. Diese Auferstehungskraft ist es, die uns in das Bild Christi umgestalten wird. In Epheser 1 sagt Paulus, dass dieselbe Auferstehungskraft, die Jesus von den Toten auferweckte, die Kraft ist, die nun auch in uns wirkt. All dies ist nur durch Glaubensgerechtigkeit möglich.

Wir können Gottes Qualität von Leben haben

Die Bibel sagt: »*Wer den Sohn hat, hat das Leben*« (1Joh 5,12). In Johannes 10,10 heißt es: »*... ich bin gekommen, damit sie das Leben haben und es in Fülle haben.*« In diesen Versen und in der Mehrheit der Verse des Neuen Testamentes wird auf eine Lebensqualität Bezug genommen. Das *Biblio-Theological Lexicon of New Testament Greek* sagt, dass »zoe« (das griech. Wort für Leben) von einer Art der Lebensqualität spricht, wie sie derjenige besitzt, der sie gibt. Folglich bedeutet errettet (sozo) zu werden, die Lebensqualität zu empfangen, die Gott selbst hat.

Offensichtlich erfährt nicht jeder wiedergeborene Christ die Lebensqualität, die Jesus uns mit seinem Kommen gegeben hat. Die Gründe dafür sind mangelndes Verständnis (Eph 4,18) und das Versäumnis, die Gnade (Fähigkeit) Gottes zu empfangen. Gnade (Gottes Fähigkeit) wird uns in »zoe«, in das Auferstehungsleben Jesu führen.

Gnade bringt Leben hervor.

Gottes Gnade kann nur durch Gerechtigkeit wirken. Römer 5,21 sagt: »*... damit, wie die Sünde geherrscht hat im Tod, so auch die Gnade herrscht durch Gerechtigkeit zu ewigem Leben durch Jesus Christus, unserem Herrn.*« Wenn Sünde im Leben eines Menschen herrscht, wird dies letzten Endes diese Person töten. Sünde hat immer Tod zur Folge. Wenn wir ihr erlauben, in unsrem Leben zu herrschen, können wir das Leben im Überfluss, das Gott uns verheißen hat, nicht erfahren.

Auf der anderen Seite wird Gnade, wenn sie regiert, schlussendlich Leben (zoe) hervorbringen, eine Lebensqualität, die Gott selbst hat. Nur Gnade macht den Einzelnen fähig, dieses Leben zu empfangen. Gnade macht jemanden fähig, dieses Leben auszuleben. Gnade regiert im Leben des Einzelnen durch Gerechtigkeit. Wir sind unter der Gnade; sie wurde durch den Herrn Jesus Christus gegeben. Sie vermag jedoch nur dann als Kraft und Stärke unseres Lebens zu herrschen, wenn sie durch ein gerechtes Herz hindurch wirken kann.

Ein aufrichtiges Herz

Also, worin besteht die Gerechtigkeit des Herzens? Genauso wie es einen Unterschied zwischen gerecht zu sein und gerecht zu leben gibt, gibt es einen Unterschied, einen gerechten Geist und ein gerechtes Herz zu haben. Unser Geist wurde in dem Augenblick gerecht gemacht, als wir Jesus angenommen haben. Unser Herz ist jedoch nur dann gerecht, wenn wir die Wahrheit glauben. Römer 10,10 sagt: *»Denn mit dem Herzen wird GEGLAUBT ZUR GERECHTIGKEIT …«*. In diesem Vers geht es im Wesentlichen um das Glauben der Wahrheit, die die Herrschaft Jesu betrifft; es geht um die Wahrheit, dass Gott ihn von den Toten auferweckt hat. Nur wenn jemand diese Wahrheit des Wortes Gottes glaubt, hat er die Gerechtigkeit des Herzens.

Während in der Originalsprache oft verschiedene Wörter für Gerechtigkeit verwendet werden, so meint das Wort »Gerechtigkeit«, wenn es sich auf das Herz bezieht, einfach nur »richtig« oder »gerade«. Es bedeutet also »richtig sein« oder »gerade sein«. Wir sind nur dann richtig, wenn wir Gottes Sicht haben. Das Buch der Sprichwörter in der *King James Version* der Bibel spricht über die Ungerechtigkeit, Widerspenstigkeit und Verdorbenheit des Herzens. Für gewöhnlich bedeuten diese Worte einfach »unehrlich sein; gekrümmt sein«. Gott wirkt nur in Gerechtigkeit und Wahrheit (Eph 5,9). Auch Glaube wirkt nur in Gerechtigkeit und Wahrheit. Bevor eine Person irgendetwas mit Gottes Kraft tun kann, muss sie die Wahrheit glauben. Sie muss recht glauben.

Es ist ziemlich leicht, die Wahrheit über Jesus zu glauben. Es ist einfach, die Wahrheit betreffs vieler Dinge zu glauben. Die Schwierigkeit, die Wahrheit zu glauben, kommt erst dann, wenn wir lesen, was Gott über UNS sagt. Wenn wir sehen, wie uns die Bibel beschreibt, dann vergeistlichen wir es, vertagen es oder streiten es schlichtweg ab, dass wir schon jetzt das sein könnten, was Gott über uns sagt. Ein gekrümmtes Herz glaubt nicht, was Gott sagt. Aus diesem Grund kann es nicht die Gnade (Gottes Fähigkeit) empfangen, um das zu werden, was Gott sagt. Erinnere dich, Gnade regiert durch Gerechtigkeit. »*Wer ein unaufrichtiges (gekrümmtes) Herz hat, findet kein Glück*« (Spr 17,20).

Ein gerechtes Herz glaubt, was Gott in Bezug auf alles und jedes sagt, egal ob es das sieht oder versteht. Paulus sagt:

»*Da wir nun gerechtfertigt worden sind aus Glauben, so haben wir Frieden mit Gott durch unseren Herrn Jesus Christus, durch den wir MITTELS DES GLAUBENS auch Zugang erhalten haben zu dieser Gnade* (Gottes Fähigkeit), *in der wir stehen, und rühmen uns* (jubeln) *in der Hoffnung* (zuversichtlichen Erwartung) *der Herrlichkeit Gottes*« (Römer 5,1–2).

In diesen Passagen bestätigt Paulus, dass der Glaube den Zugang zu Gottes Fähigkeit verschafft. Wir haben diesbezüglich Zuversicht, weil wir durch unseren Glauben und nicht durch unsere Werke gerecht gemacht worden sind. Er fährt fort zu sagen, dass er sich rühmt (jubelt), in der zuversichtlichen Erwartung (Hoffnung) der Herrlichkeit Gottes.

Die Realität Gottes und seiner Gnade

All dies wird verständlich, wenn wir die Herrlichkeit Gottes verstehen. In Römer 6,4 wird verkündet, dass Jesus durch die Herrlichkeit Gottes auferweckt wurde. Genau darüber spricht Paulus in Epheser 1, wenn er feststellt, dass die Kraft, die Jesus von den Toten auferweckte, dieselbe Kraft ist, die in uns wirkt. Folglich wirkt die Herrlichkeit Gottes in mir. Die Herrlichkeit Gottes war es, die Jesus von den Toten auferstehen ließ. Doch was ist diese Herrlichkeit?

Gottes Sicht bestimmt deine Realität.

Wenn wir an Herrlichkeit denken, denken wir gewöhnlich an Glanz und Pracht. Diese sind aber nur ein Teil der Herrlichkeit Gottes. Sie sind wahrscheinlich eher ein Nebenprodukt der Herrlichkeit als eine Definition von Herrlichkeit. Das Wort »Licht« ist gewöhnlich bedeutungsgleich mit Wahrheit. Also sehen wir, dass Wahrheit immer Licht, Glanz und Pracht hervorbringt. Doch in Römer 5,2 bedeutet dieses Wort: Meinung, Urteil, Ansicht, vor allem die gute Meinung, die Realität ist. Also ist die Herrlichkeit Gottes, welche Licht, Pracht und Glanz hervorbringt, die Sicht und Meinung Gottes, die Realität sind. Gerechtigkeit glaubt, dass

Gottes Sicht Realität ist, ungeachtet persönlicher Ansichten und Meinungen.

So sagt Paulus eigentlich: »Ich rühme mich gemäß Gottes Sicht, ungeachtet meiner Ansicht. Ich werde es so sehen, wie Gott es sieht.« Dies ist Wahrheit, und das ist Gerechtigkeit. In Römer 5,3 fährt Paulus fort: *»Nicht allein aber das, sondern wir rühmen uns* (jubeln) *auch in den Trübsalen ...«* (Das Wort für Herrlichkeit ist hier nicht dasselbe wie in Vers 2). In anderen Worten: Sogar in Bedrängnis, wenn die Dinge am schlimmsten aussehen, wenn es keinen Grund gibt, das Gute zu glauben, sagt er: »Ich werde fortfahren, mich in meiner zuversichtlichen Erwartung freudig der Ansicht und Meinung Gottes zu rühmen, **denn das ist Realität.**«

Nicht, wie ich es betrachte, ist es Realität, und nicht wie du es siehst, ist es Realität, sondern wie Gott es sieht, so ist es Realität. Leider treffen wir unser ganzes Leben lang Entscheidungen, die auf unserer Wahrnehmung von Realität und nicht auf der Realität selbst beruhen. So leben wir also nie in der Realität von Gottes überfließendem Leben. Wenn wir es so sehen und glauben, wie Gott es sieht, dann haben wir ein aufrichtiges Herz. Aber vergiss nicht, »sozo« (Errettung) geschieht nur, wenn wir die Wahrheit mit unserem Mund bekennen (Röm 10,10). Wie Paulus müssen wir uns also zuversichtlich der Wahrheit und Wirklichkeit von Gottes Wort rühmen. Wenn wir dies in irgendeinem Bereich tun, beginnt Gottes Fähigkeit in diesem Bereich in uns zu wirken. Unser zuversichtliches Bekenntnis lässt diese Fähigkeit Wirklichkeit werden. Ein aufrichtiges Herz schafft ein richtiges Bekenntnis, das die Ansicht und Meinung Gottes zum Ausdruck bringt. Aus diesem Grund herrscht Gnade durch Gerechtigkeit (dadurch dass wir die Wahrheit in unserem Herzen glauben).

Gebrauche deinen Mund!

Für Paulus ist das freudvolle Rühmen oder, was einige Bekennen nennen würden, in der Zeit von Leiden sehr wichtig. Bedrängnis trägt nicht dazu bei, dass du dich besser entwickelst, und sie kommt auch nicht, um dir zu helfen; sie kommt, um dich zu vernichten. Deine Reaktion auf Bedrängnis bestimmt ihre Auswirkungen.

Wenn wir durch schwierige Zeiten gehen, ist es wichtig, dass das Herz fest und unveränderlich in der Wahrheit verharrt. Wenn das Herz zu wanken beginnt, beginnen sich in demselben Ausmaß deine Gefühle zu verändern und du wirst verhindern, dass Gnade aus dir fließt. Sobald du den Fluss der Gnade hemmst, bist du auf das Ausmaß deiner eigenen Fähigkeit beschränkt.

Sprich Worte des Lebens zu dir und zu andern!

Es gibt Hunderte von Schriftstellen über die Macht des Sprechens. Im strengsten Sinn bedeutet »bekennen« etwas zu sagen, weil es in deinem Herzen ist. Aus diesem Grund ist oftmals das, was wir mit dem Mund sagen, nicht wirklich ein Bekenntnis, weil es nicht wahrhaft in unserem Herzen ist.

Dessen ungeachtet ist die Macht des Sprechens deutlich ein Teil von festem Glauben. Menschen sind wegen der Worte, die sie hören, von Jesus überzeugt. Das Buch der Sprichwörter verrät uns, wie wir unsere Lippen verwenden können, um uns selbst aus Zerstörung zu retten. Ich habe gehört, dass es heißt, dass der Teil unseres Gehirns, der die Sprache kontrolliert, jede andere Funktion des Gehirns beherrscht. Ich kann dies nicht beweisen. Jedoch sagt die Bibel im Jakobusbrief, dass ich mit meiner Zunge meinen Körper in jede Richtung lenken kann. Das Buch der Sprichwörter stellt fest, dass die Macht von Leben und Tod in der Zunge liegt. Deshalb werde ich meine Zunge verwenden, um mich selbst mit Leben zu versorgen.

Wenn meine Gefühle anfangen, das Wort Gottes zu bestreiten, weiß ich, dass dies das Wort nicht ändert. Es ist mir jedoch auch bewusst, dass es für mich ohne übereinstimmende Gefühle schwierig sein wird, in Wahrheit zu wandeln. Wenn ich die Veränderung meiner Gefühle bemerke, verwende ich meinen Mund, um die Richtung zu ändern. Die Worte, die ich spreche, helfen, mein Herz in Gerechtigkeit zu bewahren, in Übereinstimmung (»gerade gerichtet«) mit dem Wort Gottes zu sein. Gnade fließt frei von einem Herzen, das an die Gerechtigkeit Jesu glaubt, die in ihm ist.

Kapitel 10

Der Brustpanzer der Gerechtigkeit

Das Buch der Sprichwörter sagt in Kapitel 4,23 der *Amplified Bible*: *»Bewahre dein Herz mit aller Wachsamkeit und mehr als alles, was du hütest, denn aus ihm fließen die Quellen des Lebens.«* Das Herz ist der Sitz deines Wesens. Es ist dein wahres Ich. Alles, was du bist, ist eine Widerspiegelung des Zustandes deines Herzens.

Das Herz ist der Sitz der Gefühle, der geistlichen Kraft, des intellektuellen Lebens und der inneren Natur des Menschen. Es ist die Quelle der Gefühle, Empfindungen, Instinkte und Leidenschaften. Die Bibel bezeichnet es als die Quelle der Freude, der Fröhlichkeit, des Mutes, der Feigheit, der Angst, des Vertrauens, der Liebe, des Hasses und des Zornes. Im Herzen wird das Wort Gottes bewahrt, beginnt der Friede Gottes zu herrschen und im Herzen verleiht Gott Stärke. Kurz gesagt, alles, was dein Leben ist oder war, ist die Frucht deines Herzens.

Weil die Kirche so wenig Verständnis vom Herzen hat, hat sie beinahe gänzlich die Betonung auf Handlungen und Äußerlichkeiten gelegt. Die Kirche hat versucht, mit Gott von außen her in Beziehung zu treten, während Gott sich innerlich mit uns verbinden will. All die Dinge, die wir im »Schweiße unseres Angesichts« so mühsam zu vollbringen versuchen, könnten so leicht zustande gebracht werden, wenn wir Gott erlauben würden, unser Herz zu ändern. Wenn unser Herz verändert ist, tun wir Dinge, weil wir sie tun wollen. Wenn es um »Werke« geht, tun wir sie, weil wir sie tun müssen. Gnade verändert nicht nur die Handlung; sie verändert die Absicht.

Wie wir zuvor herausgefunden haben, kann ein »gekrümmtes Herz nichts Gutes finden«. Nicht nur, dass Gottes Wort für jene, die ein gekrümmtes Herz haben, nicht wirken wird; es wird Zerstörung für sie bedeuten. Menschen mit einem gekrümmten Herzen fühlen sich durch die Verheißungen Gottes beleidigt. Seine Verheißung der neuen Identität und übernatürlichen Fähigkeit ergibt für den fleischlichen Verstand keinen Sinn.

Wahre Gerechtigkeit glaubt

Tatsächlich gehören die Verheißungen Gottes nur den Gerechten, denjenigen, die die Wahrheit glauben. Es gibt viele moralisch gute Menschen, die in den Augen Gottes total ungerecht sind. Wenn Gerechtigkeit nur eine Angelegenheit von moralischem Leben wäre, könnten Menschen auch unabhängig von Jesus errettet werden. Weil der Mensch aus sich selbst heraus niemals gerecht genug werden kann, um errettet zu werden, wird er errettet, weil er gerecht gemacht ist durch Jesus. Er nimmt das kostenlose Geschenk der Gerechtigkeit an. Wenn er diese Gerechtigkeit aber ablehnt und versucht, durch eigene Bemühungen gerecht zu werden, wird er vor Gott ungerecht. Erinnere dich, ein ungerechtes Herz ist ein Herz, welches nicht aufrichtig mit dem, was Gott sagt, übereinstimmt.

Jesaja 64,5 sollte uns eine vollkommen richtige Sicht betreffend unserer Bemühungen um Gerechtigkeit geben: »*Wie unreine (Menschen) sind wir alle geworden, unsere ganze Gerechtigkeit ist wie ein schmutziges Kleid.*« Jede Gerechtigkeit, die wir vollbringen könnten, ist einfach nicht gut genug für Gott. Sie wird uns nicht annehmbar machen. Es ist eine Gerechtigkeit, die durch unsere Fähigkeit herbeigeführt wird, nicht durch seine. Es ist eine Gerechtigkeit, die uns Ehre bringt, nicht ihm.

Es ist auch eine Gerechtigkeit, die Menschen wegen ihrer Unfähigkeit ausschließt. Werkgerechtigkeit bringt den Talentierten und Starken Ehre, doch sie bringt dem Schwachen und Unfähigen Beschämung. Sie bietet nur denen Hoffnung, »die können«, doch tut nichts für die, die unfähig sind. Die Bibel sagt, dass Gott die Welt so liebte, nicht die Starken und Tüchtigen. Römer 4,16 erklärt dies in unmissverständlichen Worten:

»Darum ist es aus Glauben, dass es nach Gnade gehe, ***damit die Verheißung der ganzen Nachkommenschaft sicher sei****, nicht allein der von Gesetz, sondern der vom Glauben Abrahams, der unser aller Vater ist.«*

Glaube ist Vertrauen in Gottes Plan.

Viele moralisch gerechte Menschen, die Gott dienen wollen, stolpern über den Stolperstein, der im Brief an die Römer 9,30–33 beschrieben ist. Dann sagt Römer 10,2: *»Denn ich bezeuge ihnen, dass sie Eifer haben für Gott; aber es ist ein Eifer ohne Erkenntnis.«* Römer 10,3 stellt fest: *»Da sie die Gerechtigkeit Gottes verkannten und ihre eigene aufrichten wollten, haben sie sich der Gerechtigkeit Gottes nicht unterworfen.«* Diese Menschen gründen ihre Zuversicht vor Gott auf ihre Gerechtigkeit. Weil aber ihre Gerechtigkeit unannehmbar ist, haben sich solche Personen von den Verheißungen Gottes selbst ausgeschlossen. Aus diesem Grund wird das Wort Gottes für sie nicht wirksam. Das Wort Gottes wird für dich nur in dem Bereich wirksam, in dem du in deinem Herzen daran glaubst.

Gerechtigkeit glaubt nicht nur, dass das Wort Gottes wirken wird; sie glaubt, dass es auf die Art und Weise wirken wird, wie Gott sagt, dass es wirken wird. Anfänglich glaubte Abraham, dass er einen Sohn haben würde; er glaubte nur nicht, dass es auf die Art und Weise geschehen werde, wie Gott es sagte. Abraham unternahm es in eigener Kraft, und der Weg des Herrn, der bestimmt war, Leben zu geben, führte zum Untergang. Abrahams fleischlicher Versuch, die Verheißung zu erfüllen, brachte die arabische Nation hervor, die sich bis heute für die Zerstörung Israels einsetzt.

Gott wollte nicht, dass er von Hagar einen Sohn bekäme. Er wollte, dass Sarah ihm einen Sohn gebärt. In 1. Mose, Kapitel 15 glaubte Abraham Gott; aber erst in Kapitel 17 glaubte er daran, dass es auf Gottes ART UND WEISE geschehen werde. In 1. Mose 17,2 sagt Gott im Grunde: »**Nun** kann ich den Bund wirksam werden lassen.« Viele Menschen glauben, dass Gott sie in den Himmel bringen kann, aber Kriege wurden darüber geführt, wie das stattfinden sollte. Die Gerechtigkeit weiß, dass alles, was Gott im neuen Bund tut, im vollbrachten Werk Jesu gegründet ist.

Abraham, der Vater unseres Glaubens

Abraham war der Vater des Glaubens. Er war für die Juden ein Beispiel des Glaubens – nicht des Glaubens im Allgemeinen, sondern der Glaubensgerechtigkeit, die kommen sollte.

Was die Pflichterfüllung anbelangt, war Abraham ein totaler Versager. Er versagte in jeder Hinsicht. Alles, was Gott sagte, dass er es nicht tun sollte, tat er. Alles, was Gott sagte, dass er tun sollte, tat er auf eine andere Art und Weise. Gott befahl ihm, aus Ur in Chaldäa allein herauszugehen. Abraham brachte seine gesamte Familie mit. Die Heilige Schrift sagt klar, dass sein Vater diesen Akt des Ungehorsams anstiftete (1Mo 11,31).

Als Abraham Ur verließ, verweilte er bis zum Tod seines Vaters in Haran, anstatt dort hinzugehen, wohin er gehen sollte. Dies hatte zur Folge, dass er im Land Kanaan erst spät ankam. Aus diesem Grund wurde er sofort mit einer Hungersnot konfrontiert.

Anstatt dort zu verweilen, wohin Gott ihn geführt hatte, ging er nach Ägypten. Während er dort war, gab er die Frau, derer sich Gott bedienen wollte, um die messianische Blutslinie weiterzuführen, einem anderen Mann. Denke einmal darüber nach! Dies ist nichts Geringeres als Prostitution des Schutzes wegen.

Während er dort war, nahm er eine kleine Dienerin mit Namen Hagar auf, mit der er später Ehebruch beging und welche die heutige arabische Nation hervorbrachte. Er wollte, dass das Kind von Hagar später das Erbe bekommen würde, während Gott aber ein Kind von Sarah wollte. Schlussendlich hat Abrahams Kompromiss ein solches Ausmaß angenommen, dass Gott ihn dazu veranlasste, seinen ersten Sohn wegzuschicken.

Während seines gesamten Wandels mit Gott musste Abraham durch übernatürliche Mittel seiner Beziehung mit Gott versichert werden. Doch trotz all dieses Versagens nannte Gott ihn gerecht. *»Abraham glaubte dem Herrn, und der Herr rechnete es ihm als Gerechtigkeit an«* (1Mo 15,6).

Wenn wir sehen, in welchem Zusammenhang Römer 4 steht, erkennen wir, dass Abraham ein Beispiel des Glaubens für uns ist. Er glaubte nämlich, dass in seinem Samen alle Völker gesegnet werden (1Mo 22,18), und dieser Same ist Christus (Gal 3,16). Abraham war der Vater des Glaubens, weil er glaubte, was Gott sagte. Er glaubte dem Evangelium Gottes von Christus. Deshalb nannte Gott ihn gerecht und trat mit ihm als einem Gerechten in Beziehung.

Mit all seinen Schwächen war Abraham immer noch imstande, auf Grundlage von Gottes zugeeigneter Gerechtigkeit, nicht seiner eigenen, eine Beziehung mit Gott zu haben. Unsere größte Herausforderung für den Glauben betrifft nicht den Glauben, bestimmte Dinge zu erlangen. Unsere größte Glaubensherausforderung ist die Glaubensgerechtigkeit. Wir alle glauben, dass wir gerecht sein sollen. Wir alle wissen, dass Gott Gerechtigkeit verlangt, doch wir versagen darin zu glauben, dass sie auf die Weise erlangt wird, wie Gott es sagt.

Das Herz schützen

Ein gekrümmtes Herz mag vielleicht die Wahrheit glauben, doch diese Wahrheit ist durch Vorurteile gebogen und gekrümmt. Diese Verdrehung bewirkt Zerstörung, weil so Wahrheit nicht funktionieren wird. Gott wirkt nur in Gerechtigkeit (Geradheit). Weil das Wort Gottes »Licht« genannt wird, gewinnen wir mehr Verständnis von der Wahrheit, wenn wir verstehen, was »Licht« bedeutet. Wenn Licht gebrochen wird, ändert es die Farbe. Wir alle kennen die kleinen Prismen, die am Fenster hängen. Wenn das Licht gerade hereinscheint, ist es klar und farblos. Doch wenn der Lichtstrahl gebrochen wird, wird der Strahl in viele verschiedene Farben aufgespalten. Ebenso kann das reine Wort Gottes in ein gekrümmtes Herz dringen, in ein Herz voller Vorurteil, Vorliebe oder Tradition und dort derart zerstreut werden, dass es nicht mehr so verstanden wird wie seine ursprüngliche Bedeutung war. Mit anderen Worten, wir können tatsächlich eine Sache hören und etwas vollkommen anderes verstehen, als was gesagt wurde. Aus diesem Grund müssen wir stets unser Herz behüten.

Epheser 6,14 fordert uns auf, den Brustpanzer der Gerechtigkeit zu tragen. Dieser Brustpanzer beschützt das Herz. Wir müssen unser Herz mit Gottes Gerechtigkeit schützen. Wir sollten nichts anderem erlauben, in unser Herz einzudringen, als nur dem Wort Gottes. Wir dürfen uns nicht jenen Dingen aussetzen, die das Wort in irgendeiner Weise verdrehen oder verändern.

Dies gilt besonders für den Bereich der Gerechtigkeit. Was du betreffend Gerechtigkeit glaubst, wird dein Herz mehr beeinflussen als alles andere, was du glaubst. Was du betreffend Gerechtigkeit glaubst, wird bestimmen, ob das Wort Gottes in deinem Leben wirkt.

Vertrauen in die eigene Gerechtigkeit
neutralisiert den Glauben.

In Römer 1,16 gibt Paulus eine Erklärung des Evangeliums und verhilft zu einem Verständnis davon, wie die Macht Gottes wirkt. *»Denn ich schäme mich des Evangeliums nicht: es ist eine Kraft Gottes, die jeden rettet, der glaubt, zuerst den Juden, aber ebenso den Griechen.«* Also wirkt die Macht Gottes durch das Evangelium Christi. Wenn ich also das Evangelium Christi glaube, sollte die Kraft Gottes in meinem Leben wirken. Wenn die Kraft Gottes in meinem Leben nicht wirkt, muss ich meine Version des Evangeliums überprüfen. In Vers 17 führt uns Paulus zu seinem Verständnis des Evangeliums Christi hin: *»Denn im Evangelium wird die Gerechtigkeit Gottes offenbart aus Glauben zum Glauben, wie es in der Schrift heißt: Der aus Glauben Gerechte wird leben.«* Das

Evangelium enthüllt Gerechtigkeit aus Glauben zum Glauben, nicht aus Glauben zu Werken.

Jede Botschaft, die Gerechtigkeit nicht aus Glauben zum Glauben enthüllt, ist nicht das Evangelium (die frohe Botschaft). Die frohe Botschaft über Jesus ist die, dass er durch seinen Glauben Gerechtigkeit erlangt hat und wir diese Gerechtigkeit durch unseren Glauben entgegennehmen. Nichts anderes ist frohe Botschaft; es ist nur Gesetz und es sind neu aufgetischte Werke.

Um unser Herz zu behüten, müssen wir es in erster Linie im Bereich unserer Gerechtigkeit schützen. Wir dürfen nicht zulassen, dass irgendetwas in unser Glaubenssystem eindringt, was uns in Bezug auf Gerechtigkeit unter das Gesetz zurückbringt. Dies ist **die Kernaussage** des Großteils des Neuen Testaments.

In dem Augenblick, in dem ich beginne, auf meine Gerechtigkeit zu vertrauen, wird gemäß Galater 2,21 die Gnade Gottes unwirksam gemacht. Sie hört auf zu wirken. Christus kann nicht länger mein Leben beeinflussen. Ich bin auf meine eigene Fähigkeit beschränkt, um gerecht zu sein. Gottes Fähigkeit hat nicht länger Zugang zu meinem Herzen.

Dies bedeutet nicht, dass ich sofort in Sünde fallen werde. Es bedeutet, dass ich nur die Sünden besiegen werde, zu deren Überwindung ich die Fähigkeit habe. Es bedeutet, dass ich nur so rein leben kann, WIE ICH DIE FÄHIGKEIT DAZU HABE. Es bedeutet, dass ich schließlich vom richtigen Verhalten ermüden werde. Es bedeutet, dass ich verbittert werde, wenn die Dinge nicht so laufen, wie sie sollten (Hebr 12,15). Es bedeutet, dass ich falle, zornig oder schwach werde, sobald ich ermatte.

Wenn das, was du hast, nur dann wirkt, wenn du es »wirklich fest versuchst«, dann ist es keine Gnade. Wenn du nur dann erfolgreich bist, wenn du die Fähigkeit dazu hast, dann ist es keine Gnade. Wenn du nur an dem Tag Schutz erfährst, an dem du betest, dann ist es keine Gnade. Wenn deine Gefühle sich deiner Leistung gemäß verändern, dann ist es keine Gnade.

Wenn du eine starke Persönlichkeit bist, kannst du ein ziemlich anständiges moralisches Leben ohne Gnade leben, doch du wirst niemals in die Ruhe eintreten. Du wirst niemals in diesem Leben mehr erfahren, als du aus eigener Fähigkeit hervorbringen kannst.

Ich kenne die Schwäche meiner eigenen Fähigkeit. Ich kann mich noch genau daran erinnern, wohin mich meine Fähigkeit brachte. Ich will das nicht nochmals erleben. Deshalb behüte ich mein Herz. Ich weigere mich, irgendeine Sache anzuhören, die mich von meinem Vertrauen in Jesus abbringen und mich veranlassen könnte, auf das Fleisch (meine Fähigkeit) zu vertrauen.

Achte darauf, was du hörst!

Es wird uns nicht nur befohlen, jene zu meiden, die sich selbst Brüder nennen und in Sünde leben. Es wird uns befohlen, auch jene zu meiden, die *»den Schein der Frömmigkeit wahren, doch die Kraft der Frömmigkeit verleugnen«* (2Tim 3,5). Wir müssen – wie die Apostel – den Sauerteig der Pharisäer meiden. In 1. Korinther 1,17 warnt Paulus, dass die Redeweisheit Christi Kreuz wirkungslos mache. Da gibt es jene, die an Jesus glauben; sie sind errettet und auf ihrem Weg zum Himmel. Sie glauben nur nicht, dass Gott auch in ihrem Leben das vollbringen kann, was die Bibel verspricht. Da gibt es jene, die eine weise klingende Überredungsgabe haben, wodurch sie die Schwachen vom Glauben abbringen. Alles, was du hörst und siehst, wird versuchen, dein Herz in Besitz zu nehmen. Angetan mit dem Brustpanzer der Gerechtigkeit sagen wir: »Nein! Wenn es nicht in der Bibel steht und wenn es keine Glaubenswahrheit ist (mit dem vollbrachten Werk Jesu nicht übereinstimmt), dann will ich es nicht hören.« Es war der Einfluss eines israelitischen Leidensgenossen, der die Berufung Moses herausforderte. Es war der Einfluss seiner Brüder, durch den Josef seines Traumes beraubt werden sollte. Es war der Einfluss seiner eigenen Familie, durch den Jesus davon abgehalten werden sollte, der und das zu sein, was die Schrift über ihn sagte. Es war der Einfluss eines seiner hingegebensten Apostel, durch den Jesus daran gehindert werden sollte, ans Kreuz zu gehen. Ähnlich wird es der Einfluss von wohlgesinnten, guten Menschen sein, der dich dazu verführt zu denken, dass deine Gerechtigkeit von deiner Leistung abhängig sei.

Die Bibel sagt, so hart es klingen mag: »*… Gott ist wahrhaftig; jeder Mensch aber ein Lügner*« (Röm 3,4 ELB). Egal, wie aufrichtig und vernünftig ein Rat klingen mag – wenn er die Verheißungen Gottes anficht, kann er nicht angenommen oder in Erwägung gezogen werden. Ohne Rücksicht darauf, wie fromm oder überzeugt die Person, die einen solchen Ratschlag gibt, sein mag, lehne den Ratschlag ab, nicht die Person. »*Prüft alles und behaltet das Gute!*« (1Thess 5,21).

Erhebe den Schild des Glaubens

Indem wir den Brustpanzer der Gerechtigkeit tragen, bewegen wir uns im Bereich der Prävention statt der Heilung. Wir bewahren unser Herz davor, gekrümmt zu werden. Wir beugen Unglauben vor, anstatt es nötig zu haben, aus ihm herauszukommen.

Wenn irgendwelche feurigen Pfeile kommen, so wissen wir, wie wir damit umgehen und uns des vollkommenen Sieges sicher sein können. Epheser 6,16 verspricht: »*Vor allem greift zum Schild des Glaubens, mit ihm könnt ihr alle feurigen Geschosse des Bösen aus-*

löschen.« Wenn wir Glaubensgerechtigkeit verstehen, entwickeln wir ein gänzlich neues Konzept davon, was es heißt, im Glauben zu wandeln.

Du wirst herausfinden, dass das Neue Testament tatsächlich sehr wenig über Glauben lehrt, wenn es darum geht, Dinge zu erlangen. Vom Brief an die Römer angefangen hat fast jede Erwähnung von Glauben mit Identität oder Gerechtigkeit zu tun. Den Schild des Glaubens zu erheben bedeutet, meine Gerechtigkeit, welche die von Jesus ist, zu erheben.

Bewahre dein Herz mit der Gerechtigkeit Christi.

Ungeachtet der jeweiligen Situation wird Gottes Gnade immer dann von meinem Herzen fließen und mich befähigen, gerecht zu leben, wenn ich anfange die Tatsache, dass ich gerecht bin, zu sehen, anzuerkennen, zu bekennen oder mir ins Gedächtnis zu rufen.

Zu oft erheben wir den Schild des Glaubens in Bezug auf UNSERE Gerechtigkeit. Habe ich genug gebetet? Habe ich lange genug »bekannt«? War ich gut genug? Habe ich irgendetwas falsch gemacht? Die Liste ist endlos, und du wirst immer einen Fehler finden. Mein Vertrauen liegt in nichts Geringerem als dem Blut und der Gerechtigkeit Jesu, die ausreichend sind.

Den Schild des Glaubens zu erheben ist nichts anderes als einfach die fortwährende Zurückweisung von allem, was nicht auf dem vollbrachten Werk Jesu gegründet ist. Der Brustpanzer der Gerechtigkeit ist ein Schutz für das Herz mit der Gerechtigkeit, die wir in Jesus haben.

Kapitel 11

DIE TÜR ZUM HERZEN

Die ersten Eindrücke von der Welt kommen über unsere natürlichen Sinne in unser Herz. Jeder davon ist sehr wirksam: Schmecken, Tasten, Riechen, Hören und Sehen. Im Bereich des Geistes haben wir etwas, was den Sinnen zu entsprechen scheint. Das Problem ist jedoch, dass wir uns des Einflusses von dieser Welt mehr bewusst sind als des Einflusses der »geistigen Welt«.

Diesem weltlichen Einfluss sind wir jahrelang in der Schule ausgesetzt. In den Abendnachrichten wird uns weltliche Sicht vermittelt. Dieses weltliche Denken nehmen wir in uns auf, wenn wir Botschaften hören, die Gott jede Macht absprechen. Der Einfluss der Welt auf unser Leben ist viel stärker, als die meisten Menschen sich vorstellen. Der Begriff »Welt« spricht oft vom Weltsystem. Die Welt hat ein System, das sich vollkommen von Gottes System unterscheidet. Viele von uns haben ein Leben lang gelernt, in diesem System der Welt erfolgreich tätig zu sein.

Dein Herz offenbart, wer du bist.

Wenn wir wiedergeboren werden, versäumen wir es, unseren Sinn gemäß dem Wort Gottes zu erneuern. Wir versuchen die Weisheit des Weltsystems anzuwenden, um im Königreich Gottes zu wirken, und das funktioniert nicht. Römer 8,6 weist darauf hin:

»Das Trachten des Fleisches führt zum Tod, das Trachten des Geistes aber zu Leben und Frieden.«

Der natürliche Verstand ist ein Instrument, das auf das Fleisch fixiert ist, besonders auf die Fähigkeit des Fleisches, jemanden gerecht zu machen. So wie die Welt denkt, wäre es einleuchtend, dass wir durch gerechte Handlungen gerecht werden, doch dies würde bedeuten, fleischlich gesinnt zu sein. Dies ist ein Denken, das Dinge dem Fleisch nach auffasst. Der natürliche Verstand kann niemals verstehen, dass ein gerechter Lebensstil ganz natürlich aus einem Menschen entspringt, der gerecht ist.

Jeder Gläubige muss seinen Sinn erneuern, wenn er im Königreich Gottes jemals erfolgreich funktionieren will. Wir müssen die Dinge so sehen, wie Gott sagt, dass sie sind, nicht so wie wir entscheiden, dass sie sind. Unsere Auffassung von der Wirklichkeit muss mit der von Gott vollkommen übereinstimmen; andernfalls gehören wir zu der Gruppe der fleischlich Denkenden.

Informationen im Innern produzieren äußere Handlungen

Es gibt einen bestimmten Vorgang, wie wir Gehörtes in unserem Herzen gründen können. Wenn wir irgendeinen Input empfangen, ob wahr oder falsch, beginnen wir gewöhnlich, darüber nachzudenken. Wenn wir anfangen über etwas nachzudenken – besonders über jene Dinge, die Gefühle hervorrufen –, beginnt dies unser Herz zu beeinflussen. In Markus 4,24 zeigt uns Jesus, wie Gehörtes imstande ist, Einfluss auf unser Leben zu nehmen. Das folgende Zitat ist der *Amplified Bible* entnommen: *»Und er sagte zu ihnen: Seid vorsichtig, was ihr hört. Das Ausmaß an Nachdenken und Studium, das du für die Wahrheit einsetzt, die du hörst, wird das Ausmaß bestimmen, was an Wirkung und Kennt-*

nis zu dir zurückkommt, und noch mehr darüber hinaus wird dir gegeben werden.«

Einfach nur eine Wahrheit zu hören wird dein Leben nicht beeinflussen. Es beeinflusst dein Leben erst dann, wenn du anfängst, darüber nachzudenken und zu meditieren. Indem du über die Wahrheit meditierst, beginnt diese Wahrheit sich dir zu offenbaren, sich zu entfalten und für dich lebendig zu werden. Während du über das Gehörte nachsinnst, beginnt es deine Gefühle zu beeinflussen und wird schließlich seinen Weg in dein Herz finden.

In Sprichwörter 23,7 (KJV) heißt es: *»Denn wie er in seinem Herzen denkt, so ist er.«* Diese Schriftstelle beinhaltet eine Fülle an Information. Als Erstes bekräftigt sie, was wir bereits erkannt haben: Ein Mensch ist, was er in seinem Herzen ist. Selten wird sich einer über den Zustand seines Herzens hinaus erheben. In jenen Zeiten, in denen er es schafft, wird dies nur für kurze Dauer und unbeständig sein. Dein Herz beeinflusst dein Leben mehr als irgendetwas anderes. Es bestimmt den Standard, zu welchem jemand immer wieder zurückkehren wird, ganz gleich, was passiert.

Die meisten Menschen haben einen emotionalen Standard, einen Gesundheitsstandard, einen Standard für Finanzen, eine Gewichtsnorm, einen Beziehungsmaßstab – einen Lebensstandard. Dieser Standard wurde im Laufe der Jahre in ihrem Herzen fest begründet. Ganz gleich, welches Glück oder welches Missgeschick daherkommt – man wird immer auf die Herzensebene zurückkehren.

Deine Gedanken sind der Pförtner deines Herzens. Der Pförtner entscheidet, was zur Tür hinein- und herauskommen darf. Wenn deine Gedanken von Furcht geprägt sind, wird Furcht der Türhüter deines Herzens sein. Er wird nur jene Dinge hineinlassen, die Furcht verstärken, und er wird nur jene Dinge herauslassen, die Furcht verstärken. Jene Gedanken, bei denen du verweilst, formen dein Herz, um es entweder aufrichtig oder krumm werden zu lassen. Das, was du jeden Tag und jede Minute denkst, bestimmt, wie dein Leben sein wird. Gedanken sind wie das Steuerungssystem in einer Fernlenkwaffe. Einige visuelle Lenkungssysteme visieren das Bild ihres Zieles an. Sie werden diesem Bild so lange folgen, bis sie ihr Ziel erreichen – Zerstörung. Ähnlich schaffen auch unsere Gedanken Bilder, die unser Leben lenken. Wir werden unbewusst in die Richtung streben, in die unsere Gedanken gehen.

Was du denkst, bestimmt, was du sein wirst.

Wenn du Gedanken der Angst, des Unglaubens oder der Selbsterniedrigung hast, wirst du ein solches Herz entwickeln und diese Art Leben führen. Wenn du Gedanken des Glaubens, der Zuversicht und des guten Selbstwertes hast, wirst du ein Herz entwickeln, das die Gnade Gottes empfangen kann, um diese Gedanken zu verwirklichen.

Deine Gedanken sind der Pförtner des Herzens und sie gewähren nur jenen Gedanken Zutritt, die nach ihrer eigenen Art sind. Wenn du auf eine Reise gehen müsstest und einen Wächter an deiner Tür zurückließest, würdest du wahrscheinlich jemanden wollen, von dem du Ehrlichkeit und Verlässlichkeit erwarten kannst. Ein ehrlicher Mensch würde den Zerstörer aufhalten. Ein unaufrichtiger Mensch würde ihn gewähren lassen. Ähnlich bestimmen deine Gedanken, was zu deinem Herzen Zutritt haben darf.

In einigen Bereichen glaubst du vielleicht genau das, was das Wort sagt, und hast auf diesem Gebiet vollkommenen Sieg. Doch in einem anderen Bereich glaubst du die Wahrheit vielleicht nicht.

Deshalb hast du nicht die Gnade (Gottes Fähigkeit), um in dieser Wahrheit leben zu können. Gnade ist keine Funktion, die sich automatisch auf alles auswirkt. Sie ist nicht eines jener Dinge, die man entweder hat oder nicht hat. Es mag in deinem Leben Bereiche geben, in denen es leicht ist, auf Gott zu vertrauen; es mag aber auch andere Bereiche geben, in denen es dir unmöglich ist, auf Gott zu vertrauen. Nochmals: Alles hängt davon ab, was du bezüglich deiner Gerechtigkeit glaubst. Wenn eine Person in Glaubensgerechtigkeit gegründet ist, wird sie in jedem Lebensbereich gefestigter werden.

2. Petrus 2,8 lehrt uns, dass das, was wir sehen oder hören, die Kraft hat, unsere Seele zu quälen. Wenn eine Person gequält ist, ist sie gefühlsmäßig eingenommen. Ihre Gedanken neigen dazu, vollkommen von einer Person oder Situation gefangen genommen zu werden. Sie ist so sehr von dieser Situation erfüllt, dass allein das Denken daran, die mit dieser Situation verknüpften Gefühle hervorbringt. Eine Person, die von Angst gequält ist, braucht nur an eine Sache zu denken, die Angst bereitet, so wird dies Gefühle hervorbringen, die genauso sind, wie die Gefühle sein würden, wenn sich die Sache tatsächlich ereignete. Ein Mensch, der von sexueller Sünde eingenommen ist, kann an diese Sünde oder an eine bestimmte Person denken und sofort erregt sein. Demgemäß sind solche Menschen von ihren Gefühlen verzehrt und von ihnen total beherrscht.

Entscheidungen gründen sich auf Glaubensinhalte

Unser Wille wird unter anderem von unseren Gefühlen bestimmt. Der Wille ist eine Funktion der Seele. Die Seele scheint aus dem Verstand (den Gedanken), den Empfindungen (Gefühlen) und dem Willen (der Fähigkeit, Entscheidungen zu treffen) zu bestehen.

Wenn wir anfangen zu denken, dass wir nicht gerecht und somit für Gott auch nicht annehmbar sind, bekommen wir allmählich Gefühle der Ungerechtigkeit und schließlich fällen wir unsere Entscheidungen aufgrund jener Gedanken und Gefühlsregungen. Sobald sich diese Gedanken in unserem Herzen festgesetzt haben, werden wir ohne Veränderung des Herzens uns niemals über sie erheben können.

Das Buch der Sprichwörter sagt in Kapitel 12,6 (ELB): *»Die Worte der Gottlosen sind ein Lauern auf Blut; aber der Mund der Aufrichtigen rettet sie.«* Die Worte, die wir ein Leben lang hören, können uns heilen oder töten. Worte haben die Kraft, unser Leben zu rauben.

Worte haben die Kraft zu töten oder zu heilen.

Doch nicht jedes Wort, das du hörst, hat die Kraft, dein Leben zu rauben – nur jenes, an das du ständig denkst. Wenn du in einem solchen Ausmaß an Wahrheit oder Lügen denkst, dass sie deine Gefühle zu beeinflussen beginnen, dann beherrschen sie dein Leben. Wenn du lange genug an sie denkst, werden sie ein Teil deines Glaubenssystems. Jene Überzeugungen werden zum entscheidenden Faktor für deinen Sieg oder deine Niederlage.

Die Bibel spricht von Gedanken und Gefühlen, die vom Verstand kommen, und von solchen, die von einer tieferen Ebene, dem Herzen, kommen. Die Gedanken und Gefühle, die vom Herzen kommen, kommen ohne Anstrengung und lenken dein Leben in eine Richtung. Aus diesem Grund müssen wir die Wahrheit über das vollbrachte Werk Jesu glauben. Nichts beeinflusst dein Leben mehr als das, was du bezüglich deiner Gerechtigkeit glaubst.

Wenn du glaubst, dass Gott dich nicht verändern kann, oder wenn du glaubst, dass es für dich unmöglich ist, von einer deiner Sünden loszukommen, dann ist dein Herz in diesem Bereich gekrümmt. Dein Herz bestimmt, was in deinem Leben passieren wird. Wo keine Gerechtigkeit ist (kein aufrichtiger Glaube), da kann Gottes Gnade (Gottes Fähigkeit) kein Leben (zoe) bringen. Doch wenn ein Mensch glaubt, dass er gerecht ist, fließt die Gnade Gottes (Fähigkeit Gottes), um gerecht leben zu können, aus seinem Herzen hervor.

Der wahre Kampf in unserem Leben findet im Bereich des Glaubens statt, nicht im Bereich des Tuns. Du kannst handeln und nicht glauben, aber es ist unmöglich, zu glauben und nicht zu handeln. Unser Glaubenssystem beeinflusst jeden Lebensbereich.

Bringe deine Gedanken in Übereinstimmung mit dem Wort

2. Korinther 10,3 (ELB) sagt: *»Denn obwohl wir im Fleisch wandeln, kämpfen wir nicht im Fleisch.«* Obwohl wir in einem Körper aus Fleisch leben, sollten die Mittel, um die Schlachten des Lebens zu schlagen, niemals unserer natürlichen Kraft entsprechen. In 2. Korinther 10,5 wird beschrieben, dass dieser Kampf im Verstand stattfindet. Eitle Vorstellungen und Überlegungen steigen in uns auf und versuchen, Gottes Verheißungen zu stehlen. Verstandesmäßige Überzeugungen sagen uns, warum wir nicht der oder das sind, was Gott sagt. Unser Kampf ist keiner mit dem Teufel; unser Kampf ist einer mit unserem eigenen Verstand. Wir glauben nicht an das vollbrachte Werk Jesu. Unser Herz ist nicht aufrichtig (gerecht).

Alle solchen Vorstellungen sind das Produkt eines gekrümmten Herzens, eines Herzens, das sich gefügt hat mit dem übereinzustimmen, was andere über uns gesagt haben. Wir haben die Wahrheit des Wortes Gottes beiseitegeschoben und die Dinge anerkannt, von denen wir dachten, dass sie annehmbar seien. Vers 4 sagt uns, dass wir diese Bollwerke mit der mächtigen Kraft Gottes niederreißen sollen; doch diese Bollwerke sind nicht in den himmlischen Örtern, diese Festungen sind keine Dämonen. Diese Festungen sind Gedanken und Vorstellungen, die nicht auf der Wahrheit basieren. 2. Korinther 10,4–5 (ELB) sagt: *»… so zerstören wir Vernünfteleien und jede Höhe, die sich gegen die Erkenntnis Gottes erhebt, und nehmen jeden Gedanken gefangen unter den Gehorsam Christi.«*

»Vielmehr gab ich ihnen folgendes Gebot: Hört auf meine Stimme, dann will ich euer Gott sein und ihr sollt mein Volk sein. Geht in allem den Weg, den ich euch befehle, DAMIT ES EUCH GUT GEHT. Sie aber hörten nicht und neigten mir ihr Ohr nicht zu, sondern folgten den Eingebungen und Trieben ihres bösen Herzens. Sie zeigten mir den Rücken und nicht das Gesicht« (Jer 7,23–24).

Alle Vorstellungen, die nicht mit dem Wort Gottes übereinstimmen, bewirken, dass wir »rückwärts gehen«. Sie werden unser Leben in völlige Zerstörung führen, indem sie uns der Gnade Gottes entfremden. Jeder Gedanke, der nicht mit der geoffenbarten Kenntnis von Gott im Einklang steht, ist eine Festung und muss niedergerissen werden.

Ein Gedanke wird nicht dadurch niedergerissen, dass wir ihn im Namen Jesu anschreien. Der zweite Korintherbrief befiehlt, dass wir ihn unter den Gehorsam Christi gefangen nehmen sollen. Wie mache ich das? Ganz einfach! Jesus besiegte jede Sünde; aus diesem Grund muss nicht ich versuchen, sie zu besiegen. Wenn mir der Gedanke kommt, dass ich ungeschützt bin, so kommt es nicht auf meinen Gehorsam an. Worauf es ankommt, ist der Gehorsam Jesu.

Besiegte Jesus die Sünde, als er von den Toten auferstand? Ja! Bin ich in Jesus? Ja! Dann bin ich gerecht und frei von Sünde. Wenn ich anfange zu erkennen, dass Jesus die Sünde besiegte und mir durch seine Auferstehung Gerechtigkeit gegeben hat, dann beginnt Gnade in meinem Leben zu fließen, die mich befähigt, gemäß dieser Gerechtigkeit zu leben.

Ich versuche nicht, diese Gedanken dazu zu bringen, mir zu gehorchen. Ich bringe diese Gedanken nur in Übereinstimmung mit dem, was der Gehorsam Jesu bereits zur Verfügung gestellt hat.

Wenn Jesus der Herr unseres Lebens ist, sind wir tatsächlich verpflichtet nur das zu glauben, was Gott über uns sagt. Wir haben kein Recht, irgendetwas zu glauben oder zu denken, was nicht durch Gottes Wort bewiesen oder begründet werden kann. Wenn Gedanken aufkommen, die mit den Verheißungen Gottes nicht übereinstimmen, muss sofort damit abgerechnet werden: *»Vor allem greift zum Schild des Glaubens, mit ihm könnt ihr ALLE feurigen Geschosse des Bösen auslöschen«* (Eph 6,16). Der Schild des Glaubens wird nicht **einige** der feurigen Geschosse auslöschen. Er wird **alle** feurigen Geschosse auslöschen. Die feurigen Geschosse sind jene Worte, Gedanken oder Begierden, die auf dein Blut lauern.

Geh in die Offensive – sprich die Wahrheit aus!

Lass nicht zu, dass ungerechte Gedanken in deinem Verstand ansässig werden. Erinnere dich, dass jeder Gedanke, der nicht mit dem vollbrachten Werk Jesu übereinstimmt, ungerecht ist. Diese Ungerechtigkeit wird Gottes Gnade daran hindern, in dir zu wirken. Ersetze Gedanken, die der Schrift widersprechen, stets mit den Verheißungen Gottes. Beantworte jede Frage betreffend Gerechtigkeit mit dem Bekenntnis der Gerechtigkeit Jesu und der Tatsache, dass du in ihm bist.

Wenn deine Seele gequält wird, kannst du deine Gedanken nicht dadurch ändern, indem du einfach an etwas anderes denkst. Die zweite Hälfte von Sprichwörter 12,6 (ELB) sagt: *»… aber der Mund der Aufrichtigen (Gerechten) rettet sie.«* Paulus sagte, dass er sich seiner zuversichtlichen Erwartung der Herrlichkeit (Anschauung und Meinung) Gottes, die Wahrheit ist, rühme (Röm 5,2). So konnte sich Paulus in Drangsal behaupten. So obsiegen auch wir im Kampf. Dieser Kampf richtet sich gegen Sünde, Selbstabwertung und alle anderen Dinge, die uns davon abhalten, all das in Anspruch zu nehmen, was Gott gesagt hat, dass wir sein können.

Indem ich anfange, meine Gerechtigkeit in Jesus mit Worten zu bekennen, beginnt jedes Gefühl in mir mit dieser Wahrheit in Übereinstimmung zu kommen. Es ist nicht etwas, das ich einfach sage; es ist eine Tatsache, die ich glaube und die ich fühle. Die Wahrheit ist, dass du der Sünde nicht nachgeben kannst, wenn du dich gerecht fühlst.

Mehr als irgendetwas anderes wird der Sieg über das Gedankenleben unser Herz vor jenen Dingen behüten, die sich gegen das Wort Gottes erheben. Wenn irgendein Gedanke oder Wort versucht, deine Gedanken gefangen zu nehmen, musst du den Schild des Glaubens erheben. Erinnere dich, dass Glaube bedeutet, fest überzeugt zu sein und zu bekennen (Röm 10,10). Es ist nicht genug zu versuchen, das zu verändern, was du denkst. Wenn dich irgendetwas quält, musst du die Wahrheit Gottes mit deinem Mund **aussprechen**. Das Buch der Sprichwörter 12,6 sagt *»… aber der Mund der Aufrichtigen rettet sie«* (ELB). Sprich das Wort kühn aus, bis deine Gedanken und Gefühle wieder in Übereinstimmung kommen und du somit die Gnade Gottes nicht unwirksam machst.

Glaube ist Vertrauen und Bekennen.

Man sagt, dass es nur wenige Wochen dauert, bis etwas zur Gewohnheit wird. Es dauert sechs bis acht Wochen, bis etwas natürlich wird. Indem du deine Gedanken für einige Wochen konsequent in Übereinstimmung bringst, könntest du deine Denkgewohnheiten gänzlich verändern. Sechs bis acht Wochen sind ein geringer Preis, der bezahlt werden muss, um ein sieghaftes Leben zu haben. Indem wir gewohnheitsmäßig stets Gedanken denken, die mit dem Wort Gottes übereinstimmen, wird der Türhüter deines Herzens nur Glauben und Gnade erlauben, in deinem Leben zu herrschen.

Kapitel 12

Heraus aus dem Grab

»Heißt das nun, dass wir an der Sünde festhalten sollen, damit die Gnade mächtig werde? Keineswegs! Wie können wir, die wir für die Sünde tot sind, noch in ihr leben?« (Röm 6,1–2). Wie wir schon zuvor erwähnt haben, ist Gnade nicht Gottes Fähigkeit, die Sünde zu übersehen.

Gott ist barmherzig mit uns, wenn wir sündigen. Weil er barmherzig ist, können wir Vergebung, Versöhnung und Gnade (Gottes Fähigkeit) erhalten, um die Sünde zu überwinden. Weil uns nun Gott die Fähigkeit gibt, die Sünde zu überwinden, sind wir noch mehr verpflichtet, mit ihr abzuschließen. Die wahre Botschaft der Gnade fordert mehr Verantwortung von jedem Gläubigen. Aufgrund der Gnade Gottes haben wir nun keine Ausrede für Sünde.

Wir werden aber nur dann mit Sünde fertigwerden, wenn wir jede Entschuldigung beseitigt haben, die uns erlaubt, in Sünde zu leben. Römer 6,14 (erweiterte Übersetzung) sagt deutlich: *»Keine einzige Sünde irgendeiner Art soll Herrschaft über euch haben.«* Dies sollte jede Diskussion beenden. Gerechtigkeit erfordert, dass wir Sünde so sehen, wie Gott sie sieht. Sünde hat keine Macht über uns, jetzt, wo wir in Gnade leben. Als wir im Fleisch waren, abhängig von unserer eigenen Kraft, herrschte die Sünde über uns. Doch nun haben wir die Kraft Gottes. Sünde hat keinen Platz mehr in unserem Leben.

Die Kraft, die in uns wirkt

Wenn wir Gottes Sicht anerkennen, haben wir keine Entschuldigung mehr, in Sünde zu verharren; wir müssen auf biblische Weise mit ihr fertigwerden. Zu versuchen, die Sünde durch Werke, bloßen Willen oder Hartnäckigkeit zu besiegen, wird eine sehr frustrierende und selbstgerechte Erfahrung sein. Wir fühlen uns gut, solange wir recht handeln, und wir werden so lange recht handeln, wie wir dazu fähig sind. Wenn wir jedoch nicht länger dazu fähig sind, werden wir nicht recht handeln. Wir werden uns nicht gut fühlen und wir werden keinen Sieg erleben.

Selbstgerechtigkeit fühlt sich nur so lange gut an, wie das Selbst gerecht handelt. Glaubensgerechtigkeit, soweit sie sich auf das Selbst bezieht, fühlt sich solange gut an, wie das Selbst in Christus ist.

Gnade führt uns in die Verantwortung.

In Epheser 1 betet Paulus dafür, dass wir über drei bestimmte Dinge Offenbarungserkenntnis bekommen. Eines der Dinge, für die er betet, ist, dass wir »*... die überschwängliche Größe seiner Kraft an uns, den Glaubenden, ...*« verstehen (Eph 1,19 ELB). Es ist wesentlich, dass wir die Kraft Gottes, die in unserem Leben wirkt, verstehen, wenn wir Sieg haben wollen. Er beschreibt diese Kraft folgendermaßen: »*... durch das Wirken seiner Kraft und Stärke. Er hat sie an Christus erwiesen, den er von den Toten auferweckt und im Himmel auf den Platz zu seiner Rechten erhoben hat, hoch über alle Fürsten und Gewalten, Mächte und Herrschaften und über jeden Namen, der nicht nur in dieser Welt, sondern auch in der zukünftigen genannt wird*« (Eph 1,19–20).

Die Kraft, die in uns wirkt, ist Auferstehungskraft. Es ist dieselbe Kraft, die ins Grab kam, um Jesus von den Toten zu erwecken. Es ist die Kraft, die bewirkte, dass er über jede andere Kraft siegreich war.

Bevor wir zu Jesus kamen, waren wir tot in Sünde. Wir konnten das Sündigen nicht lassen. Und wir konnten die Folgen der Sünde nicht aufhalten. Jesus sagte in Johannes 5,24: »*Amen, amen, ich sage euch: Wer mein Wort hört, und dem glaubt, der mich gesandt hat, hat das ewige Leben; er kommt nicht ins Gericht, sondern ist aus dem Tod ins Leben hinübergegangen.*« Wir waren bereits tot; aus diesem Grund ist Errettung ein Auferstehen von den Toten.

Die Bibel lehrt uns, dass Jesus zur Sünde wurde (2Kor 5,21). Wenn er als Träger unserer Sünden starb und die Strafe auf sich genommen hat, die wir verdienen, dann gibt es keinen Zweifel, dass er bei seinem Tod in den Hades, das Totenreich ging. Beladen mit den Sünden der Welt, war er an das Schicksal der Sünder gebunden. All dies passierte, um uns von dieser Strafe zu befreien. Doch er blieb nicht im Hades. Das Schriftwort wurde erfüllt: »*... du gibst mich nicht der Unterwelt preis ...*« (Apg 2,27).

Wie kam Jesus aus dem Grab heraus? Als Jesus von den Toten auferstand, hat er nicht nur die Sünde besiegt. Er besiegte die Sünde und den Tod. Es ist offensichtlich, dass seine Auferstehung den Sieg über den Tod bestätigte. Alle Sünden der Welt und alle Mächte der Finsternis konnten Jesus nicht vom Auferstehen und Auffahren zum Vater abhalten.

Als Jesus aus diesem Grab herauskam, besiegte er nicht nur den Tod, sondern auch die Sünde. Jesus nagelte nicht Sünden ans Kreuz. Laut Kolosser 2,14 nagelte er das Gesetz an das Kreuz: »*Er hat den Schuldschein, der gegen uns sprach, durchgestrichen und seine Forderungen, die uns anklagten, aufgehoben. Er hat ihn dadurch getilgt, dass er ihn an das Kreuz geheftet hat.«*

Er nagelte das Gesetz an das Kreuz. Er trug unsere Sünden. Und diese Sünden waren es, die Jesus ins Grab brachten, doch Gott erweckte ihn von den Toten. Dieselbe Kraft, die Jesus von den Toten auferstehen ließ, ist die Kraft, die auch in uns wirkt. Diese Auferstehungskraft, welche die Sünden der gesamten Welt vernichtete, ist es, die in dir wirkt, um deine persönlichen Sünden zu vernichten und dich aufzuerwecken zur Neuheit des Lebens.

Was ist Realität?

Wir wurden nicht errettet, um gerecht zu werden. Wir wurden gerecht gemacht, damit wir errettet werden konnten. Eine der größten Tragödien in Bezug auf Errettung ereignet sich dann, wenn eine Person wiedergeboren wird. Es wird ihr nur gesagt, dass sie an Jesus als ihren Erretter glauben soll. Sie weiß nicht, dass Jesus auch ihre Gerechtigkeit ist. Sie weiß nicht, dass er ihr die Kraft der Gerechtigkeit gibt.

Gerechtigkeit befreit Gläubige von Sünde.

Aufgrund dieser Unwissenheit sind wir wie die Galater, die im Geist begannen und dann versuchten, durch ihr Fleisch zur Vollendung zu gelangen. *»Seid ihr so unvernünftig? Am Anfang habt ihr auf den Geist vertraut und jetzt erwartet ihr vom Fleisch die Vollendung«* (Gal 3,3).

Die Gabe der Gerechtigkeit wurde uns nicht gegeben, damit wir in Sünde leben können. Die Gerechtigkeit wurde uns gegeben, damit wir von Sünde und ihren Folgen befreit sein können. Deshalb verkündet Kolosser 3,1 (ELB): »*Wenn ihr nun mit dem Christus auferweckt seid, so sucht, was droben ist, wo der Christus ist, sitzend zur Rechten Gottes.*«

Römer 6,4 sagt, dass es die Herrlichkeit Gottes war, die Jesus von den Toten auferweckt hat. Wenn wir an die Herrlichkeit Gottes denken, denken wir normalerweise an seinen strahlenden Glanz und seine Pracht und seine Größe. Seine Herrlichkeit umfasst dies alles, aber sie ist noch mehr als dies. Dieses Wort für Herrlichkeit bedeutet die Ansicht, das Urteil und die Meinung Gottes, die Realität sind. Auf die Art und Weise, wie Gott etwas sieht, so ist es. Die Ansicht Gottes ist die Realität, unabhängig davon, wie wir die Dinge sehen oder verstehen.

Ehe Jesus Fleisch wurde, ehe er jemals auf der Erde umherzog, bevor er je ans Kreuz und bevor er je in den Hades ging, hatte Gott die Wahrheit ausgesprochen. Das Kreuz und das Gericht waren prophezeit worden. Es war auch vorhergesagt worden, dass Jesus der Herr der Herrlichkeit und der Erretter aller Menschen ist. Er würde von den Toten erweckt werden und für ewig ein Hohepriester nach der Ordnung des Melchisedek sein. Dies war die Wirklichkeit. Es sah nicht nach dieser Wirklichkeit aus, als Jesus am Kreuz hing. Es sah nicht wie diese Wirklichkeit aus, als Jesus im Hades war, doch es war so.

In den Messianischen Psalmen und im Buch Jona wird die Pein beschrieben, die Jesus erleiden musste, als er im Hades war. In jenen Passagen werden Gottes Verheißungen bekannt. In Jona, Kapitel 2 bekennt Jona (als ein Sinnbild für Christus): »*Er antwortete mir. … Du hörtest meine Stimme*« (Jona 2,3 ELB). »*Dennoch werde ich wieder hinblicken zu deinem heiligen Tempel*« (Jona 2,5 ELB).

»Da führtest du mein Leben aus der Grube herauf« (Jona 2,7 ELB). *»… und mein Gebet kam zu dir, in deinen heiligen Tempel«* (Jona 2,8 ELB). *»Ich aber will dir Opfer bringen. Bei dem Herrn ist Rettung«* (Jona 2,10 ELB). Diese Bekenntnisse des Glaubens, die Anbetung und das Vertrauen wurden nicht erbracht, nachdem Jona befreit war. Sie wurden vom Bauch des Wales aus erbracht.

Deshalb sagt Paulus in Römer 5,3: *»Mehr noch, wir rühmen uns ebenso unserer Bedrängnis …«* Dieses Wort »rühmen« bedeutet »sich freudvoll rühmen«. Paulus sagt in den vorherigen Versen, dass er sich der Herrlichkeit (Ansicht und Meinung) Gottes freudvoll rühme. Sogar in Bedrängnis rühmte er sich der Ansicht und Meinung Gottes. Weshalb? Weil diese die Realität sind.

Bekenne die Realität – Gottes Sicht, wie er dich sieht

Ganz gleich, womit du gerade kämpfst – die Realität Gottes ist, dass du Sieg hast. Du bist gerecht. Du bist ein Überwinder. Doch wenn du Gottes Ansicht und Meinung nicht glaubst, kann Gnade nicht wirksam werden und dich nicht befähigen, in Gottes Realität zu leben.

Wenn wir durch Zeiten der Bedrängnis gehen, kann unser Herz davon beeinflusst werden. Wir empfangen all diese negativen, widersprüchlichen Informationen von all diesen äußerlichen Quellen. Unsere Gefühle beginnen sich dadurch zu ändern und unser Herz mag anfangen zu wanken. Doch wir können unser Herz durch das festigen, was wir sprechen.

Sogar Jesus war beinahe von seinen Gefühlen überwältigt. Wir sehen dies an Jona, als einem Sinnbild für Jesus. Jona sagt in Jona 2,6: *»Wasser umfingen mich bis an die Seele, die Tiefen umschlossen mich, Seetang schlang sich um mein Haupt.«* Er beschreibt einen äußerst emotionalen Zustand. Dann, in Jona 2,8 sehen wir den äußersten Kampf: »*Als meine Seele in mir verschmachtete, dachte ich an den Herrn und mein Gebet kam zu dir, in deinen heiligen Tempel.*« Obwohl alle Gefühle Jesu wankten, erinnerte er sich an den Herrn. Ebenso müssen auch wir uns des Herrn erinnern. Wir müssen uns daran erinnern und das anerkennen, was er getan hat; und wir müssen vollkommen an das vollbrachte Werk glauben, uns darauf verlassen und es anerkennen.

Habe Vertrauen in das vollbrachte Werk Christi.

Von Gefühlen beherrscht zu sein, Entscheidungen aus unserer Sicht heraus zu fällen, bedeutet nichtige Götzen zu verehren. Jona 2,9 sagt: »*Die, die nichtige Götzen verehren, verlassen ihre Gnade.*« Unglücklicherweise neigen wir dazu, nichtige Götzen, unsere Ansicht und Meinung, zu verehren, ohne für Gottes Ansicht und Meinung echte Hochachtung oder Vertrauen zu haben.

Indem wir anerkennen, was Gott sagt, wird unser Herz überzeugt und Gnade fließt. Unsere Gefühle bleiben unveränderlich. Wir halten den Türhüter der Wahrheit fest. Wir bewahren den Brustpanzer der Gerechtigkeit. Wir bewahren ein Herz, in dem und durch das der Heilige Geist wirken kann.

Wir wurden wiedergeboren, indem wir an Jesus glaubten und Jesus als den auferstandenen Herrn unseres Lebens bekannten (Röm 10,10). Nun gilt es auf dieselbe Art fortzufahren, um aus jenen Dingen herauszukommen, die versuchen, uns im Grab der Sünde zu halten. Indem wir anbetend bekennen, was Gott über uns sagt, zieht uns der Geist der Herrlichkeit und der Gnade von jenen Dingen weg, die versuchen, Herrschaft über uns für sich in

Anspruch zu nehmen. Derselbe Geist, der Jesus zur Rechten des Vaters setzte, versetzt auch uns an himmlische Plätze, weit über jedes Fürstentum und jede Macht und Gewalt und Herrschaft, um am Auferstehungsleben teilhaben zu können.

Kapitel 13

Die Zeit der Not

Wir alle hatten schon bestimmte Situationen, in denen wir uns fragten, ob wir wohl durchhalten würden. Ich habe oft Menschen große Opfer bringen sehen. Bei aller Bewunderung würde ich bezweifeln, ob ich dasselbe Opfer mit Freude bringen könnte. Wegen der Angst vor bestimmten Situationen meiden wir oft bestimmte Arten des Dienstes und weichen sehr oft dem Ruf Gottes aus. Die Angst vor dem Versagen hat viele Gläubige von einem erfolgreichen Leben abgehalten.

Wir leben oft in Angst vor einer gewissen Versuchung. Wir haben vielleicht einen Bereich, in dem wir wiederholt versagt haben. In diesem Bereich verlieren wir alle das Vertrauen in uns selbst und in Gottes Fähigkeit, uns zu befreien. Gerade die Angst vor dieser Sünde hält uns davon ab auch nur zu versuchen, mit ihr fertigzuwerden. So bleiben wir durch diese Angst gebunden und lahmgelegt.

Eines der Dinge, die ich im Hinblick auf die Gnade Gottes wahrgenommen habe, ist, dass Gnade zu einem Zeitpunkt der Not kommt. Zweitens haben wir immer Friede und Freude, wenn Gnade in uns wirkt. Ich habe viele schwierige Situationen mit unglaublichem Frieden und großer Freude erduldet. Als ich später zurückschaute, dachte ich: »Wie habe ich das nur ausgehalten? Ich könnte es nicht noch einmal durchstehen.« Dann wurde mir bewusst: »Es war Gottes Stärke, die mich durchgebracht hat.«

Als ich vor einigen Jahren auf der Straße evangelisierte, wurde mein Leben mehrmals bedroht. Mehr als einmal kamen Menschen mit der Absicht zu meinem Haus, mich zu attackieren oder vielleicht sogar zu töten. Während Angst mich zu beherrschen versuchte, war ich über die Stärke erstaunt, die in mich kam. Einmal schleuderte mich ein Mann gegen die Motorhaube meines Autos. Er hielt mir ein Gewehr ins Gesicht, doch mich erfüllte gänzlich Gottes Friede. Dies ist nicht meine normale Reaktion. In Zeiten der Not kann uns Gott von den Begrenzungen durch unsere normalen und natürlichen Fähigkeiten befreien.

Nicht bevor du es benötigst

Nach und nach gab mir Gott die Fähigkeit, besonders schwierige Situationen mit großer Freude zu ertragen, doch die Gnade kam immer erst dann, als die Not da war. Als ich begann auf die Straße hinauszugehen, hatte ich davor immer große Angst. Ich wusste, dass es Gottes Wille war, dass ich hinausginge, aber ich wollte mich nicht der Ablehnung aussetzen. Oft pflegte ich immer und immer wieder um einen Häuserblock herumzufahren. Ich fürchtete den bloßen Gedanken hinauszugehen. Ich fand jede denkbare Entschuldigung, um niemandem gegenüber Zeugnis geben zu müssen. Doch als ich betete und »ging«, begann die Gnade in mir zu wirken. Innerhalb weniger Minuten habe ich mit großer Freude kraftvoll Zeugnis abgelegt. Die Gnade kam niemals, während ich wartete; sie kam immer, während ich ging.

Glaube ohne Werke ist tot (Jak 2,20). Wenn ich dabeigeblieben wäre, in meinem Auto zu sitzen, zu beten und auf den Herrn zu warten, wäre wahrscheinlich nichts passiert. Doch weil ich in Glauben und Erwartung betete, begann ich Schritte zu tun. Zuerst parkte ich das Auto – noch keine Stärke. Dann stieg ich aus dem Auto aus – noch immer keine Stärke. Dann spazierte ich durch die Straßen, während ich zögernd nach Menschen suchte, denen ich Zeugnis geben könnte – noch immer keine Stärke. Dann erspähte ich mein Ziel – noch immer keine Stärke. Doch als ich meinen Mund öffnete, kam sie. Die Gnade, Stärke und Fähigkeit Gottes kamen in der Zeit der Not. Wahrer Glaube hat Gnade ergriffen.

Kraft wird dir zur Zeit deiner Not gegeben.

Die Bibel sagt, dass wir in der Zeit der Not kühn zum Thron der Gnade kommen sollen (Hebr 4,16 KJV). Du bekommst die Stärke nicht eher, als bis eine Notlage gegeben ist. Dies ist ein Schlüssel für das Gehen im Sieg. Oftmals ist die Angst vor einer Situation schlimmer als die Situation selbst. In Psalm 64,1 (KJV) betete David: »*Höre meine Stimme, o Gott, in meinem Gebet: Bewahre mich vor der Angst vor meinem Feind.*« Es war die Angst, die ihn besiegte, nicht der Feind. Angst lähmt unsere Gefühle. Wenn Angst kommt, verlässt uns alle unsere Kraft. 1. Johannes 4,18 (ELB) stellt genau fest: »*... Angst hat Pein.*« Doch wir müssen erkennen, wenn die Zeit der Not auftritt, können wir Gnade erlangen, um zu überwinden.

Unsere größte Notzeit wird nicht in Zeiten des Dienstes sein. Unsere größte Notzeit wird immer im alltäglichen Leben sein. Das Überwinden von Haltungen und Versuchungen wird den dringendsten Bedarf an Gnade darstellen, den wir je haben.

Mache deine Gerechtigkeit in Christus geltend!

Die Bibel sagt, dass wir in Zeiten der Not kühn kommen sollen. Im Bereich der Versuchung ist unsere größte Notzeit dann, wenn wir dabei sind zu sündigen oder wenn wir schon gesündigt haben. Dies sind die Zeiten, in denen wir gewöhnlich das geringste Maß an Kühnheit und das größte Maß an Not haben.

Wenn ich versucht bin zu sündigen, muss ich wissen, dass Gott mich immer noch annimmt. Andernfalls werde ich nicht zu ihm laufen, um Barmherzigkeit und Gnade zur Hilfe in meiner Zeit der Not zu bekommen. Aus Angst und Schuld werde ich von dem EINEN weglaufen, der allein fähig ist, mich von Sünde zu befreien.

Genauso wird es sein, wenn ich der Sünde nachgegeben habe. Ich werde niemals Gottes Fähigkeit erlangen, von dieser Sünde loszukommen, wenn ich nicht in vollem Vertrauen zu Gott gehen kann. Das Einzige, was diese Art von Vertrauen zu schaffen vermag, ist Gerechtigkeit. Wenn ich gerecht bin, bin ich frei in jedem Stadium der Versuchung zu Gott zu gehen, um die benötigte Gnade zu erhalten.

Dies ist für den fleischlichen Verstand völlig unannehmbar. Wie kannst du dich selbst gerecht nennen, wenn du gesündigt hast? Nun ja, im Neues Testament war die Gemeinde der Korinther als die fleischlichste bekannt. Doch gerade zu diesen Menschen sagte Paulus: »*Ihr seid die Gerechtigkeit Gottes in Christus*« (2Kor 5,21).

Wenn ich meine Gerechtigkeit ablehne, habe ich nicht mich abgelehnt; ich habe Christus abgelehnt. Es ist nicht leicht, dies zu vermeiden. Wenn alles in deinen Gefühlen dir sagt, wie ungerecht du bist, ist es nicht leicht, dazustehen und deine Gerechtigkeit anzuerkennen. Doch das ist das Einzige, was Gnade bringen wird. Wenn die Gerechtigkeit in deinem Herzen wahrheitsgemäß fest gegründet ist, wird dies das Ende deines Sündenproblems bedeuten.

Du kannst deinem Sündenproblem ein Ende setzen.

Der Hebräerbrief fordert uns auf, kühn vor den Thron der Gnade zu kommen. Wir mögen vielleicht keine Zuversicht haben bezüglich des Überwindens von Sünde. Wir mögen vielleicht keine Kühnheit haben in Bezug auf irgendeine unserer Fähigkeiten, doch wir können Kühnheit und Zuversicht Gott gegenüber haben. Alles, was wir wissen müssen, wenn wir uns dem Thron nähern, ist die vollkommene Annahme von Gott. Annahme ändert dich nicht, doch sie versetzt dich in ein Milieu, das einer Veränderung förderlich ist. Wenn du nicht an Gottes Annahme glaubst, wirst du seine Gnade nie empfangen können.

Du musst entscheiden

Eine Sache, die Gott nie tun wird, ist deinem Willen Gewalt anzutun. Er wird dich überzeugen, ziehen, locken, doch er wird dein Denken nicht für dich ändern. Gott verlangt von uns Umkehr oder Bekehrung. Das Wort »bekehren« bedeutet, das Denken zu verändern. Es wird von uns verlangt, umzudenken. Erst nachdem wir uns bekehrt, unser Denken geändert und eine Entscheidung gefällt haben, wird Gott in unserem Leben handeln.

So viele Menschen schauen auf eine bestimmte Sünde, die sie festhält und in die sie wiederholt gefallen sind. Sie haben so viel

Vertrauen verloren, dass sie Angst haben, auf Gott zu vertrauen. Du bittest sie eine Entscheidung zu fällen, doch sie werden es nicht tun. Weshalb? Sie haben so oft versagt, dass sie Angst haben, es nochmals zu versuchen. Die Einstellung der meisten Menschen in Bezug auf irgendeine Veränderung ist folgende: »Wenn ich könnte, würde ich es tun.« Die Menschen warten, bis sie sich fähig fühlen, bevor sie sich für irgendetwas verpflichten. Doch Gnade wirkt geradezu umgekehrt. Die Wahrheit ist: Wenn sie es tun würden, könnten sie es.

Wir müssen etwas tun wollen, bevor uns die Gnade Gottes fähig machen kann. Wir sind keine Roboter. Wir haben einen Willen. Wenn wir auf eine bestimmte Art über Dinge denken, beschränken wir dadurch das Wirken Gottes. Solange wir uns nicht bekehren und unser Denken ändern, gibt es nichts, was Gott tun kann.

Wenn wir umkehren, ermächtigt uns Gott.

Ich habe gelernt, dass es meine Aufgabe ist, mich für Gott zu entscheiden (mich zu bekehren) und Gott zu vertrauen, dass er mich befähigt. Es ist dann Gottes Aufgabe, mich zu bevollmächtigen. Jesaja sagt in Jesaja 1,19 (ELB): »*Wenn ihr willig seid und hört, sollt ihr das Gute des Landes essen.*« Die meisten Menschen verstehen die Notwendigkeit von Gehorsam, doch wenige verstehen die Notwendigkeit von Willigkeit.

In den meisten Fällen von Misserfolg wurde nie eine eindeutige Entscheidung gefällt. Menschen beschlossen zu »versuchen« sich zu ändern. Sie wollten, dass etwas passiert, doch sie sagten niemals entschlossen: »Ich habe über diese Sache gerade jetzt den

Sieg.« Wir haben Angst, diese Art von Entscheidung zu fällen. Doch das ist genau das, was notwendig ist, um die Angelegenheit zu erledigen.

Wir sind nicht willig, uns auf den absoluten Sieg festzulegen, weil wir unser Vertrauen auf unsere Erfolge und Niederlagen in der Vergangenheit gründen. Wir versuchen, alles auf unserer Gehorsamsstufe gefangen zu nehmen, anstatt auf der Stufe von Jesu Gehorsam.

Wäre mein Grad an Gehorsam genauso groß wie seiner, dann würde ich Jesus nicht brauchen. Ich hätte keine Probleme. Die Tatsache, dass ich es nötig habe, mich zu verändern, die Tatsache, dass ich Probleme habe, sagt mir, dass ich wenig oder gar kein Vertrauen in meine Fähigkeiten haben kann. Doch ich kann in jedem Bereich eine vollkommen überzeugte Entscheidung bezüglich des Sieges treffen, wenn ich sie auf das vollbrachte Werk Jesu gründe. Ich brauche keine Begrenzung seiner Fähigkeit zu fürchten.

In der Praxis habe ich auch gelernt, dass die Tatsache, dass eine Veränderung nicht sofort kommt, nichts darüber aussagt, ob die Veränderung jemals kommen wird oder nicht. Es gab gewisse Bereiche, in denen ich absolute Entscheidungen und Versprechen gemacht habe, mich zu ändern, und diese Veränderungen kamen nur langsam. Weshalb? Gott musste erst in meinem Herzen wirken, um diese Veränderungen herbeiführen zu können. Ich habe jedoch nicht länger Angst davor, Entscheidungen zu treffen.

Versuche es nicht, entscheide dich!

Erinnere dich: Glaubensgerechtigkeit erlangt Gnade (Eph 2,8). Wir müssen unsere Glaubensgerechtigkeit anwenden, um Gnade zu erhalten, die wir für jede Situation brauchen. Glaube glaubt und bekennt das Wort Gottes, welches Gnade für die Errettung bringt (Röm 10,10). Glaube macht ein positives Bekenntnis und eine positive Entscheidung in Gegenwartsform. Glaube vertraut nicht, dass Gott etwas tun wird; Glaube vertraut, dass Gott bereits gehandelt hat. Glaube weiß, dass das Werk des Kreuzes vollendet ist; aus diesem Grund steht nun alles für uns zur Verfügung, und zwar jetzt.

Als du wiedergeboren wurdest, geschah das nicht, weil du beschlossen hattest, es mit Gott zu versuchen. Vielleicht bist du wie ich – ich »versuchte« es mehrmals, bevor ich eine echte Entscheidung traf. Weißt du, ich hatte Angst davor, eine uneingeschränkte Entscheidung zu fällen. Ich hatte Angst, ich könnte es nicht schaffen. Also habe ich nur einen Versuch gemacht. Ich hatte Recht; ich schaffte es wirklich nicht. Ich hatte nicht die Kraft, für Gott zu leben.

Eines Tages aber traf ich eine Entscheidung. Ich glaubte der Wahrheit, ich machte ein ernsthaftes Bekenntnis meiner Hingabe an Jesus, und ich war dazu fähig. Ich verstand damals nicht, was passierte, doch nun weiß ich es. Glaube trifft eine unbedingte Entscheidung und man braucht diesen Glauben, um Gnade zu erhalten. In der *Amplified Bible* heißt es im Buch Hiob 22,28: *»Du wirst auch eine Sache beschließen und anordnen, und sie wird zustande kommen.«*

Die Sünde wurzelt in der Selbstbezogenheit. Weil eine bestimmte Sünde unsere Wünsche befriedigt, geben wir uns ihr hin; nicht weil wir müssen, sondern weil wir *wollen.* Viele von uns sagen: »Gott hilf mir, dass ich es nicht mehr will!« Für die meisten Menschen wird das aber niemals geschehen, nicht weil Gott unwillig oder unfähig ist, sondern weil sie keine bedingungslosen Entscheidungen treffen. Gott kann nur nach echter Bekehrung deine Begierden ändern. Wenn du dich nicht entschieden hast, hast du dich noch nicht bekehrt.

Es gibt einige einfache Gründe, weshalb wir uns bezüglich Sünde nicht entscheiden. Wenige Menschen sehen die Sünde als die Quelle ihrer Schmerzen an. Sie glauben, dass ihr Schmerz Gottes Strafe sei; doch sie haben unrecht. Jeder Schmerz in unserem Leben hängt mit einer sündigen Überzeugung oder einem sündigen Verhalten zusammen. Doch wir erkennen das nicht und glauben es nicht.

Sünde ist die Quelle des Schmerzes.

Ich stellte unlängst in meiner Gemeinde diese einfache Frage: »Hörtet ihr auf zu sündigen, als ihr errettet wurdet, weil es sich so gehört? Weil ihr musstet? Oder weil ihr wolltet?« Viele Menschen hören nur deshalb mit dem Sündigen auf, weil sie es müssen. Diese Menschen werden niemals fähig sein, bezüglich Sünde qualitative Entscheidungen zu treffen (davon umzukehren).

Wir sehen die Sünde als eine lange Liste von vergnüglichen Dingen an, die Gott uns nicht zu tun erlaubt. Den Dienst für Gott sehen wir als eine lange Liste von mühsamen Dingen an, die wir tun müssen. Wir haben sogar das Denkmuster: »Dies ist so gut, dass es eine Sünde sein muss! Wir hatten so viel Spaß; es muss wohl Sünde gewesen sein.« Solche Aussagen spiegeln unsere Haltung gegenüber Sünde wider.

Gott will dich aus einem Grund aus der Sünde herausholen: Er will nicht, dass du durch ihre Kraft zerstört wirst. Er will nicht, dass sie deine Fähigkeit, eine erfüllte Beziehung mit ihm oder deinen Mitmenschen zu haben, beeinflusst.

Wenn wir Sünden nicht als eine Liste voller zerstörerischer Dinge ansehen, werden wir an ihnen festhalten und uns dafür Ausreden suchen. Wir werden jeden erdenklichen Grund finden, ob theologisch, emotional oder anderer Art, um zu rechtfertigen, weshalb wir in einer Sünde verbleiben. Doch die Wahrheit ist eigentlich die, dass wir aus der Sünde herauskommen können, wenn wir es wollen. WEGEN DER GNADE HAT KEINE SÜNDE HERRSCHAFT ÜBER UNS!

Wenn du Gottes Gnade haben willst, musst du eine feste Entscheidung für Jesus treffen und dich nach der Gnade ausstrecken. Wenn du sie dann erlebst, werden Sieg und Freude da sein. Sieg über die Sünde bedeutet nicht, mit dem Sündigen aufzuhören, dabei aber noch immer den Wunsch zu haben, ihr nachzugeben. Wahrer Sieg kommt, wenn wir den ganzen Schmerz und die Zerstörung, die Sünde in unser Leben bringt, erkennen, eine klare Entscheidung betreffend Sünde und den Sieg darüber fällen und darauf vertrauen, dass wir siegreich sind, weil Gottes Kraft in uns ist.

Kapitel 14

Von Sünde befreit

Der Heilige Geist wird mit mehreren Namen bezeichnet. Jeder davon spiegelt einen bestimmten Aspekt seiner Natur und seines Wirkens im Leben der Gläubigen wider. In Hebräer 10,29 wird auf ihn Bezug genommen als Geist der Gnade. Dies zeigt, dass er derjenige ist, der in uns wirkt, um uns fähig zu machen.

Zu begreifen, dass Gnade Gottes Fähigkeit ist, öffnet unser Verständnis für den neuen Bund. Es ist gerade dieses Thema Gnade, das den neuen Bund so grundlegend vom alten Bund unterscheidet.

Gnade einfach als unverdiente Gunst zu definieren hat zur Folge, dass der Schleier, der unser Verständnis verdunkelt, bleibt. Alles, was die Gläubigen des Alten Testamentes hatten, war unverdiente Gunst. Als Menschen, die nicht wiedergeboren waren, als Menschen, welche die Gerechtigkeit Gottes nicht hatten, war unverdiente Gunst alles, worauf sie hoffen konnten. Gemäß der Schrift wurden sie durch ihre Handlungen niemals gerecht genug, um Gottes Gunst zu empfangen. *»Denn durch Werke des Gesetzes wird niemand vor ihm gerecht; durch das Gesetz kommt es vielmehr zur Erkenntnis der Sünde«* (Röm 3,20).

Erinnere dich: Die Schwäche des Gesetzes war das Fleisch. *»Weil das Gesetz ohnmächtig durch das Fleisch nichts vermochte, sandte Gott seinen Sohn in der Gestalt des Fleisches, das unter der Macht der Sünde steht, zur Sühne für die Sünde, um an seinem Fleisch die Sünde zu verurteilen«* (Röm 8,3).

Das Fleisch ist die Fähigkeit des Menschen. Ein Mensch im Fleisch ist ein Mensch, der versucht, aus eigener Fähigkeit gerecht zu werden. »Im Geist sein« bedeutet, nach dem Geist zu wandeln, wodurch ermöglicht wird, Gerechtigkeit zu haben. »*... damit die Forderung des Gesetzes erfüllt wird in uns, die wir nicht nach dem Fleisch, sondern nach dem Geist wandeln*« (Röm 8,4 ELB). Aus diesem Grund hat uns Gott den Geist der Gnade reichlich gegeben, damit wir befähigt sind, ein kraftvolles, Gott wohlgefälliges, siegreiches Leben zu führen.

Als Geist der Gnade wirkt er ununterbrochen in uns, um uns fähig zu machen, Sünde zu überwinden. In der Originalsprache des Neuen Testamentes wird er als »Einer, der herbeigerufen ist, um zu helfen« bezeichnet. Als Helfer gibt er uns die Fähigkeit jene Dinge zu tun, die zu tun wir uns entschieden haben. Unsere Aufgabe ist es, zu glauben, und uns zu entscheiden, aus Sünde herauszukommen. Er ist hier, um uns zu helfen, indem er uns die Fähigkeit dazu schenkt.

Sünde kommt durch eine Wahl zustande

Ein falsches Verständnis von Gnade hat wahrscheinlich mehr Menschen an die Sünde gebunden gehalten als irgendetwas anderes. Die Wahrheit über die Gnade lautet: »Ich muss nicht sündigen. Sünde hat keine Macht über mich. Ich bin nicht auf meine Fähigkeit beschränkt, um mich mit der Sünde auseinanderzusetzen.« Ja, Gott wird mich weiterhin lieben, und mich annehmen, wenn ich sündige, doch das ist eine Sache der Barmherzigkeit, nicht der Gnade.

Ich bin so dankbar für Gottes Liebe, Barmherzigkeit und Vergebung, wenn ich sündige. Doch ich bin sogar noch dankbarer für seine Gnade, die mich davon befreit, mich der Sünde hingeben zu müssen.

Wiedergeborene Christen sind von der Macht der Sünde befreit. Wir können beschließen, dies nicht zu glauben und uns dadurch der Sünde auszuliefern, doch ungeachtet unserer Ansicht und Meinung ändert dies nicht die Ansicht und Meinung Gottes. Römer 6,14 stellt fest: »*Die Sünde soll nicht über euch herrschen; denn ihr steht nicht unter dem Gesetz, sondern unter der Gnade.*«

Eine erstaunliche Sache in Bezug auf die Sünde ist die, dass sie nicht nur willentlich geschieht; wir wählen unsere Sünden sogar aus. Wir geben uns vorwiegend denjenigen Sünden hin, die uns Vergnügen bereiten. So hart das auch ist, wir müssen diese Wahrheit erkennen. Wir können Gnade nicht als Entschuldigung für das Sündigen verwenden. Lasst uns doch die Verantwortung für unsere Handlungen wirklich auf uns nehmen! Gott ist barmherzig und hat uns bereits vergeben. Wir brauchen nicht Angst zu bekommen, doch wir müssen die Verantwortung für unsere Handlungen auf uns nehmen. Angst wird jemanden davon abhalten sich mit Sünde in der rechten Weise auseinanderzusetzen.

Die Verantwortung übernehmen

Das Paradoxe an der Gnadenbotschaft ist die Verantwortung. Während viele Menschen Paulus vorwarfen, zur Sünde zu ermutigen, weil er das Gesetz ablehnte und Gnade predigte, ist gerade das Gegenteil wahr gewesen. Das Gesetz sieht alle möglichen Arten von Milderungsgründen für Sünde vor.

Gnade andererseits beraubt uns jeder Ausrede. Die Person, die im neuen Bund in Sünde einwilligt, muss Unglaube oder freie Wahl zugeben; beides läuft auf die eigene Verantwortung hinaus.

Nichts erschreckt einen Menschen mehr als Verantwortung. Doch persönliche Verantwortung ist der einzige Weg zur Freiheit. Persönliche Verantwortung sagt: »Ich muss Gott vertrauen und mich auf den Heiligen Geist verlassen, um dies zustande zu bringen.«

Die natürlich (fleischlich) gesinnte Person kann jedoch nicht auf die wahren Glaubenstatsachen (Glaubensgerechtigkeit) Bezug nehmen. Die fleischlich gesinnte Person kann Gerechtigkeit nicht als kostenlose Gabe annehmen, weil sie Gerechtigkeit als ein Werk des Fleisches sieht. Die folgende Schriftstelle erklärt das Dilemma der Person, die Gerechtigkeit als eine Bemühung des Fleisches ansieht:

»Denn alle, die vom Fleisch bestimmt sind, trachten nach dem, was dem Fleisch entspricht, alle, die vom Geist bestimmt sind, nach dem, was dem Geist entspricht. Denn das Trachten des Fleisches ist Feindschaft gegen Gott; es unterwirft sich nicht dem Gesetz Gottes und kann es auch nicht. Wer vom Fleisch bestimmt ist, kann Gott nicht gefallen« (Röm 8,5.7–8).

Der Heilige Geist ist betrübt, wenn wir uns weigern zu glauben, dass wir gerecht sind und beschließen, nicht in dieser Gerechtigkeit zu wandeln. *»Stellt eure Glieder nicht der Sünde zur Verfügung als Waffen der Ungerechtigkeit, sondern stellt euch Gott zur Verfügung als Menschen, die vom Tod zum Leben gekommen sind, und stellt eure Glieder als Waffen der Gerechtigkeit in den Dienst Gottes«* (Röm 6,13).

Doch wenn du nicht glaubst, dass du es kannst, wirst du dich nicht dafür entscheiden, dich zur Verfügung zu stellen. Das Versäumnis, eine Entscheidung zu treffen, beschränkt das Wirken des Geistes der Gnade in deinem Leben.

Vermeide Torheit – wähle Weisheit!

Wenn du dich der Sünde hingibst, wird Sünde dein Leben regieren – obwohl dir die Kraft gegeben wurde, Sünde zu besiegen. Wenn du dich der Gerechtigkeit hingibst, wird der Heilige Geist dir die Gnade geben, in dieser Gerechtigkeit zu wandeln. Doch du hast die WAHL.

Dies wird zu einer Quelle der innerlichen Qual für den Gläubigen. Römer 8,1 sagt: *»Jetzt gibt es keine Verurteilung mehr für die, welche in Christus Jesus sind.«* Laut Lexikon von Thayer bedeutet »Verurteilung«: einen verdammenden Richterspruch fällen. Der Gläubige, der versucht, im Fleisch (in eigener Fähigkeit) zu wandeln, um Gerechtigkeit zu erlangen, lebt in innerlichen Qualen, weil er beständig mit Strafe rechnet.

Solange du dich der Sünde hingibst,
herrscht sie über dich.

Nachdem wir gesündigt haben, befällt uns für gewöhnlich Verdammnis und wir stürzen in ein Meer von Scham und Hoffnungslosigkeit. Wir erwarten Strafe und rechnen mit ihr. Wir sind von Furcht gequält. Es ist erstaunlich, wie uns der Teufel davon überzeugen kann, dass wir die Sünde als angenehm empfinden werden. Er versichert uns, dass Gott uns vergeben wird. Dann, wenn wir nachgegeben haben, sagt er uns, wie schlecht wir seien und dass Gott so jemanden unmöglich lieben könne.

Wenn du gefallen bist, dann hat die Bibel große Neuigkeit für dich! *»Denn siebenmal fällt der Gerechte und steht wieder auf …«* (Spr 24,16). Gerecht zu sein bedeutet nicht, dass einer nie fällt, sondern es bedeutet, dass er wieder aufsteht, wenn er gefallen ist. Wenn jemand in seinem Herzen gerecht ist, weiß er, dass er nicht in Sünde verbleiben kann. Der Heilige Geist erinnert ihn ununterbrochen an seine Gerechtigkeit. Jede Sünde, die er begeht, ist im Widerspruch zu seiner gerechten Natur. Es kommt die Zeit, da der Gläubige seine gerechte Natur nicht länger verleugnen kann; er muss einfach aufstehen, wenn er gefallen ist.

Der Schmerz der Sünde besteht nicht darin, dass der Heilige Geist uns unglücklich macht. Unser Gewissen macht uns unglücklich. Der Heilige Geist überführt die WELT von der Sünde, von der Gerechtigkeit und vom Gericht. Wir sind nicht die Welt. Wir sind Jünger, und er führt uns in die Wahrheit.

Der Heilige Geist sagt dir immer, dass du gerecht bist; du bist Überwinder und du schaffst es. Wenn wir mit der Wahrheit konfrontiert werden, verurteilt uns unser Gewissen. Verurteilung ist nie ein Werk des Geistes. Der Geist versucht ununterbrochen dich dazu zu bringen, die Wahrheit zu sehen, wer du in Jesus bist. Er versucht dich in die Gemeinschaft mit dem Vater zurückzubringen.

Was geschieht, wenn wir sündigen?

Der erste Johannesbrief ist nicht an Sünder geschrieben, obwohl er oft dazu benutzt wird, Unbekehrten zu sagen, wie man errettet wird. Er ist an Christen geschrieben, die sündigen. 1. Johannes 1,5 sagt: »*Gott ist Licht, und keine Finsternis ist in ihm.*« »Licht« ist in der Schrift gleichbedeutend mit Wahrheit und Leben. Licht deutet auch die Abwesenheit von Täuschung an. Gott handelt nur in Wahrheit, Gerechtigkeit und Ehrlichkeit.

Vers 6 sagt: »*Wenn wir sagen, dass wir Gemeinschaft mit ihm haben, und doch in der Finsternis leben, lügen wir und tun nicht die Wahrheit.*« Wenn wir in irgendeiner Finsternis (Unwahrheit, Ungerechtigkeit, Sünde, Täuschung) wandeln, sind wir nicht länger in Gemeinschaft mit Gott. Ich glaube, dass es bezüglich dieses Verses viel Missverständnis gab. Viele Menschen sagen, dass dich deine Sünde von Gott trennen wird. Dies ist unter dem neuen Bund völlig unwahr. Der neue Bund sagt, dass uns nichts von der Liebe Gottes trennen wird. »*Weder Gewalten der Höhe oder Tiefe noch irgendeine andere Kreatur können uns scheiden von der Liebe Gottes, die in Christus Jesus ist, unserem Herrn*« (Röm 8,39).

Gott zieht sich nicht zurück; wir sind es, die sich zurückziehen. Kolosser 1,21 (ELB) sagt: »*Und euch, die ihr einst entfremdet und Feinde wart, nach der Gesinnung in den bösen Werken, hat er aber nun versöhnt.*« Nach unserer Ansicht ist Entfremdung von Gott ein Ergebnis sündhafter Taten. Gemäß 1. Johannes ist es unser Herz (Gewissen), das uns verurteilt, wenn wir sündigen. Doch Gott ist größer als unser Herz. »*Denn wenn das Herz uns auch verurteilt, Gott ist größer als unser Herz*« (1Joh 3,20). Mit anderen Worten: Gott ändert sich nicht, doch wir ändern uns in unserem Herzen.

Sich von der Wahrheit zu entfernen,
verhindert Gottes Gnade.

Schuldbewusstsein wird keine Reue oder Bekehrung (Änderung des Denkens) bewirken. Schuldbewusstsein wird Angst und den Rückzug aus der Gemeinschaft mit sich bringen. Es lässt uns annehmen, dass die andere betroffene Person gegen uns ist.

Ich habe mehrere tausend Dollar in Form von ungültigen Schecks, die mir bei einem meiner Geschäfte gegeben wurden. Jede einzelne jener Personen, die mir einen ungültigen Scheck ausstellten, hat mich einmal als richtigen Freund betrachtet. Ich unternahm nichts, um sie strafrechtlich zu verfolgen oder sie zu beunruhigen. Ich habe nur Bereitschaft angeboten, Bedingungen auszuarbeiten.

Doch nun haben diese Menschen, denen ich so viel Güte entgegenbrachte, alle möglichen Fehler an mir entdeckt. Warum wohl? Wo es Schuld gibt, gibt es auch das Bedürfnis nach Verminderung dieser Schuld. Der natürlichste Weg Schuld zu rechtfertigen, ist der, bei demjenigen von dem du DENKST, dass er die Quelle des Schmerzes sei, Fehler zu finden. Wenn du von irgendjemandem denkst, dass er dir Schmerz zufügt, wird er dein Feind.

Ebenso unterstellen wir Gott, die Quelle unseres Leidens zu sein. Wegen unseres falschen Glaubenssystems nehmen wir an, dass er böse auf uns ist. Wir vermuten, dass wir Feinde sind; also ziehen wir uns aus der Gemeinschaft mit ihm zurück. All diese Gedanken, die in den Kirchen quer durch ganz Amerika gelehrt werden, sind »Finsternis«. Sie sind Unwahrheit, Ungerechtigkeit, Täuschung und eitle Vorstellungen. Doch weil wir sie glauben, entfremden wir uns von Gott – und zwar IN UNSEREN GEDANKEN.

Wenn wir uns von der Wahrheit entfernen, wirkt Gottes Gnade nicht in unserem Leben. Wir können seine Gnade nur erfahren, wenn wir die Wahrheit glauben. Erinnere dich, dass Gnade durch Gerechtigkeit wirkt. Ein Abweichen von der Wahrheit macht die Gnade Gottes unwirksam (Gal 2,21). Mit anderen Worten heißt dies, dass wir die Kraft und Fähigkeit Gottes unwirksam machen, wenn wir von der Wahrheit der Bibel abweichen. *»Wenn wir aber im Lichte leben, wie er im Lichte ist, haben wir Gemeinschaft mit-*

einander und das Blut seines Sohnes Jesus reinigt uns von aller Sünde« (1Joh 1,7). Im Lichte zu wandeln, wird dich aus der Sünde herausbringen, doch zu versuchen aus Sünde herauszukommen, um Gottes Liebe und Anerkennung zu erhalten, bedeutet Finsternis. Es ist eine Ablehnung all dessen, was uns durch den neuen Bund gegeben wurde.

Der Hauptbereich von Licht, in den ich eintreten soll, ist meine Gerechtigkeit in Jesus. Der fleischliche Verstand sagt: »Du kannst nicht gerecht sein, du hast gesündigt.« Doch die Gesinnung des Geistes sagt: »Ja, ich habe gesündigt. Sünde ist falsch, aber ich bin noch immer gerecht in Jesus. Ich bin kein Sklave dieser Sünde. Jesus besiegte diese Sünde, als er von den Toten auferstand. Gott liebt und akzeptiert mich. Ich muss nicht zornig auf ihn sein. Gott ist nicht die Quelle meines Leidens. Sünde ist die Quelle meines Schmerzes.« Diese Art von Glauben macht es möglich, dass Gnade frei fließen kann.

Im Licht wandeln

In 1. Johannes 1,7 steht: »*Wenn wir im Licht leben, wie er im Licht ist, haben wir Gemeinschaft miteinander …*« Gemeinschaft miteinander zu haben heißt nicht, dass die Gläubigen untereinander Gemeinschaft haben; es wird hier davon gesprochen, dass Gläubige mit Gott Gemeinschaft haben. Die Anerkennung der Wahrheit setzt uns frei, zu Gott zu laufen, anstatt von ihm wegzulaufen. Sie befreit uns von der Zerstörung durch Beschämung und Schmach. In Jesaja 61,7 sprach der Prophet von dieser Zeit:

»Doppelte Schande mussten sie ertragen, sie wurden angespuckt und verhöhnt; darum erhalten sie doppelten Besitz in ihrem Land, ewige Freude wird ihnen zuteil.«

Die letzte Hälfte von 1. Johannes 1,7 ist wichtig: »*... und das Blut seines Sohnes Jesus reinigt uns von aller Sünde.*« Du sagst vielleicht, dass du bereits von der Sünde gereinigt bist. Es ist Wahrheit, dass du von der Sünde rein **bist**. Dein innerer Mensch ist so rein und vollkommen, wie er je sein wird. Es gibt nichts, was du dem hinzufügen kannst, was Jesus in deinem Geist getan hat. Doch deine Seele und dein Herz sind von der Sünde betroffen. Wenn wir sündigen, beeinträchtigt dies unser Vertrauen zu Gott. Es schädigt unsere Zuversicht dem Wort Gottes gegenüber. Es zerstört unsere Hoffnung auf die Neuheit des Lebens.

Lenski sagt, dass »alle Sünde« sich auf mehr als nur die begangenen Sünden bezieht. Es bezieht sich in Wirklichkeit auf das Prinzip der Sünde oder die Wurzel der Sünde. Seitdem wir wiedergeboren sind, haben unsere Sünden ihre Wurzel nicht in der Sündennatur. Sie haben ihre Wurzel in unserem Glaubenssystem und in unseren Gefühlen.

Wir müssen zudem erkennen, wie hilfreich es ist, Sünde zu bekennen. Sünde zu bekennen bedeutet nicht, zu bekennen, dass du ein Sünder bist. Du bist kein Sünder; du bist ein Heiliger, der durch das Blut Jesu gerecht gemacht wurde. Das Wort »bekennen« bedeutet eigentlich »dasselbe sagen«. Dies ist bedeutsam für das Wandeln im Licht. Wenn ich dasselbe über meine Sünde sage, was Gott sagt, muss ich sagen, dass ich frei von Sünde bin. Ich muss bekennen, dass die Sünde keine Macht über mich hat. Ich muss sagen, dass ich eine gerechte Natur habe und dass durch das vollbrachte Werk Jesu Vergebung mir gehört.

Rechtlich wurden alle Sünden vergeben, doch empfinden wir dies nicht immer so. Rechtlich wurde für die Sünden aller Menschen bezahlt; Errettung wurde für alle Menschen erkauft, doch nicht alle Menschen haben diese Errettung und Vergebung praktisch erfahren. Nur wenn Menschen die Wahrheit über den Herrn

Jesus glauben, kommt Gerechtigkeit in ihr Herz. Dadurch, dass sie diese Wahrheit bekennen, erfahren sie Errettung.

Erkenne an, was Gott wegen deiner Sünde sagt!

Ähnlich wurden die Sünden jedes Gläubigen mit dem Kreuz bezahlt. Dies wird jedoch dein Leben nicht beeinflussen, wenn du die Wahrheit nicht glaubst und nicht bekennst. Deshalb ist das Bekennen dessen (dasselbe zu sagen), was Gott über dich und deine Sünde sagt, der Weg, wie du wieder zu dem Licht zurückkehrst. Das Glauben dieser Wahrheit bewirkt, dass dein Herz in Gerechtigkeit gegründet wird.

Im Licht dieser Wahrheit des neuen Bundes habe ich meine Sünde nicht eher bekannt, bis ich dasselbe darüber sage, was Gott sagt. Solange ich eine Ausrede habe, habe ich kein Bekenntnis abgelegt. Solange ich jemanden habe, dem ich die Schuld zuschiebe, habe ich kein Bekenntnis abgelegt. Nicht ehe ich sage: »Ich bin gerecht; ich bin frei von der Herrschaft der Sünde; ich habe dies getan, weil ich es wollte« – nicht eher bekenne ich wirklich. Ein Teil meines Bekenntnisses erkennt auch die Vergebung und Barmherzigkeit Gottes an. Ein wahres Bekenntnis erkennt an, dass Gott mich liebt und mich annimmt, ganz gleich, was mein Herz sagt. Dies ist keine Leichtgläubigkeit«. Dies ist persönliche Verantwortung bis zum Äußersten.

Wenn Gott mich liebt, mich akzeptiert und mir vergeben hat, habe ich kein Recht, mich wegen meiner Sünde in Depression fallen zu lassen. Ich habe kein Recht, umherzugehen und mich zu fragen, ob Gott meine Gebete wohl erhört. Ich habe kein Recht, so zu handeln.

Als meine Kinder aufwuchsen, schlichen sie oft davon und taten etwas, von dem sie wussten, dass ich es nicht akzeptieren würde. Was sie nicht wussten: Ich war bereits im Bilde, was sie taten. Obwohl mich ihre Rebellion verletzte und enttäuschte, liebte ich sie noch immer und wollte Gemeinschaft mit ihnen. In meinem Herzen hatte ich ihnen bereits vergeben.

Nach Tagen oder Wochen voller Schuldgefühle kamen sie schließlich zu mir und sagten mir die Wahrheit darüber, was sie taten. Dabei erlebten sie die Vergebung, die ich ihnen schon gegeben hatte. Dass sie mich und den Augenkontakt und die Gemeinschaft mieden, war das Ergebnis des Schuldgefühls in ihrem Herzen. Es war nicht »dasselbe«, was ich in meinem Herzen sagte. Sie konnten jedoch meine Liebe und Barmherzigkeit nicht erfahren, bis sie zu mir kamen und mir glaubten, als ich ihnen sagte, dass ich ihnen vergeben hatte.

Ähnlich ist es mit Gott. Er hat bereits mit unserer Sünde am Kreuz abgerechnet. Wir jedoch erfahren dies nur, wenn wir dies bekennen.

Gehe bis zur Wurzel

Vergebung beschäftigt sich nur mit der Frucht von Sünde, die wir begehen; Reinigung beschäftigt sich mit der Wurzel der Sünde. Der Grund, weshalb wir wiederholt in Sünde fallen, ist ein Wurzelproblem. Zu sündigen, Vergebung zu erhalten und dann unseren Weg fortzusetzen, ist wie das Ernten von Früchten. Dieselben Äpfel werden nächstes Jahr wieder wachsen. Du kannst den Rest deines Lebens damit verbringen, Jahr für Jahr frustriert dieselben Früchte zu pflücken; oder du kannst an die Wurzel gehen.

Unser größtes Bedürfnis ist, eine Beziehung mit unserem Vater zu haben. Der Mensch wurde für diese Bestimmung geschaffen. Gott wollte so sehr Gemeinschaft, dass er sagte: »Ich werde das Strafgericht für Sünde auf einen Menschen legen, anstatt auf einzelne Menschen persönlich. Die durch Sünde erfolgte Trennung von mir werde ich einen Menschen erleiden lassen, anstatt jeden einzelnen Menschen. Auch schenke ich Gerechtigkeit aufgrund der Leistung eines Menschen, anstatt dass jeder Mensch persönlich Gerechtigkeit erlangen muss.« Jetzt, da wir wissen, dass das Problem Sünde erledigt ist und Gerechtigkeit zur Verfügung gestellt wurde, können wir Gemeinschaft mit Gott haben.

Weil wir jedoch nicht an das vollbrachte Werk Jesu glauben und nicht in dessen Licht wandeln, haben wir keine innige Gemeinschaft mit Gott. Errettung wird zur »Feuerversicherung«. Gebete und das Bibellesen werden Prämien, um die Versicherungspolice sicherzustellen. Auf diese Weise versuchen wir, eifrig die Prämien zu zahlen, sodass wir keine Zeit für eine Beziehung mit dem Vater haben.

Es geschieht durch enge persönliche Gemeinschaft, dass Gott mein Gewissen vom Einfluss meiner Sünde reinigen kann. »*Wie viel mehr wird das Blut Christi, der sich selbst kraft ewigen Geistes Gott als makelloses Opfer dargebracht hat, unser Gewissen von toten Werken reinigen, damit wir dem lebendigen Gott dienen*« (Hebr 9,14). Tote Werke sind alle jene religiösen Werke, die wir tun, um eine Beziehung mit dem Vater zu verdienen. In Gemeinschaft und Vertrautheit bin ich von dieser Mentalität der »Werkgerechtigkeit« befreit.

In einer innigen Gemeinschaft geschieht es auch, dass Gott Heilung für mein Herz bewirkt und mich in jenen Bereichen der Selbstsucht, Angst und des Unglaubens freisetzt, die mich dazu bringen, in Sünde einzuwilligen. Das Bekenntnis dessen, was Jesus am Kreuz vollbracht hat, bringt die Erfahrung der Vergebung mit sich, die mir den Mut gibt, mit Gott in Gemeinschaft zu leben. Indem ich mich auf diese Gemeinschaft mit ihm einlasse, vermag ich im Lichte dieser Realität zu wandeln. In dieser Zeit von Nähe werde ich gefühlsmäßig verändert.

Eine innige Beziehung mit Gott wird die Wurzel der Sünde vernichten.

Durch eine vertraute Gemeinschaft kannst du die Liebe und Annahme erfahren, die den Wurzelgrund der Sünde, in die du immer wieder eingewilligt hast, zunichtemachen. Diese Sünde hat keine Macht über dich. Du hast einfach Nöte, die nur in einer nahen, persönlichen Beziehung mit Gott gelöst werden können.

Kapitel 15

Wie Gottes Gnade behindert wird

Die Erfahrung von Gnade kann sich auf verschiedenen Stufen und in verschiedenen Entwicklungsabschnitten und auf viele verschiedene Weisen ereignen. Aus diesem Grund wird sie auch die mannigfaltige Gnade Gottes genannt. Gnade ununterbrochen zu erleben, ist die vorzüglichste Art der Erfahrung. Das kann nur dann geschehen, wenn unser Herz hundertprozentig davon überzeugt ist, dass wir gerecht sind, und wenn wir uns zu diesem Wandel in dieser Gerechtigkeit verpflichten.

Für eine Person, deren Herz im Evangelium fest gegründet ist, bleibt in Bezug auf Sünde und Versuchung nur mehr wenig zu tun übrig. Aus der Gnade Gottes heraus lebte Jesus ein Leben ohne Sünde. Johannes 1,14 zeigt, welche Rolle die Gnade im Leben Jesu gespielt hat: *»Und das Wort ist Fleisch geworden und hat unter uns gewohnt und wir haben seine Herrlichkeit gesehen, die Herrlichkeit des einzigen Sohnes vom Vater, voll Gnade und Wahrheit.«* Es war sein Glaube an die Wahrheit, der Gnade in seinem Leben wirksam machte.

Wenn du dein Herz mehr und mehr in der Wahrheit des Evangeliums gründest, wirst du weniger Zeit für das Kämpfen und Ringen mit Sünde aufwenden müssen und mehr Zeit für die Gemeinschaft mit dem Vater haben. Das christliche Leben wird so »einfach und leicht«. Jede Botschaft, die dein Leben zunehmend schwieriger macht, stimmt nicht mit dem überein, was Jesus verheißen hat.

Dann gibt es natürlich die Gnade, die gelegentlich in uns wirkt, wenn wir Versuchungen oder schwierigen Situationen gegenüberstehen. So sieht das Leben einer Person aus, die die Gerechtigkeit durch den Herrn Jesus noch nicht völlig angenommen hat. Wenn sie mit schwierigen Situationen konfrontiert ist, wird sie ihr Herz mit dem Wort Gottes überzeugen, dass sie all das tun kann, was das Wort sagt. Das Vertrauen, das durch das Überzeugen ihres Herzens kommt, lässt Gnade weiterfließen. Doch dies ist eher ein unbeständiger Wandel.

Vor Gott qualifiziert

Ich habe gelernt, mir in jeder Situation zu sagen: »ICH KANN ES!«, weil ich weiß, dass ich alles durch Christus vermag, der mich stärkt. Weil ich weiß, dass ich gerecht bin, frage ich mich nie, ob ich für Gott qualifiziert genug bin, dass er zu meinen Gunsten wirken kann. Ich weiß, dass die notwendige Voraussetzung für Gott, um in mir wirken zu können, das vollendete Werk Jesu ist. Kolosser 1,12 (ELB) sagt: *»... dem Vater danksagend, der euch fähig gemacht hat zum Anteil am Erbe der Heiligen im Licht.«* Gott hat mich in Jesus fähig gemacht, qualifiziert.

Wenn wir einer Versuchung gegenüberstehen, ist es manchmal schwieriger, Gnade anzuwenden. Die Versuchung ist eine Brutstätte für Verdammnisgefühle. Um Verdammnis zu verstehen, die gleichzeitig mit Versuchung kommt, muss jemand ihren Ursprung verstehen. Versuchung geht nicht vom Teufel aus; sie geht von uns selbst aus. *»Jeder wird von seiner eigenen Begierde, die ihn lockt und fängt, in Versuchung geführt«* (Jak 1,14).

Das Wort »Begierde« bedeutet einfach »Verlangen«; nicht unbedingt ein übles Verlangen, sondern einfach ein Verlangen. Sowohl wenn wir etwas begehren, das sündig ist, als auch wenn wir etwas begehren, das göttlich ist, bestimmt unser Vertrauen in Gott und unsere Zuversicht in unsere Qualifikation, wohin wir uns zwecks Erfüllung wenden werden.

Wenn wir glauben, dass alle Verheißungen uns gehören und dass wir qualifiziert sind, werden wir uns vertrauensvoll Gott und seinem Wort zuwenden. Wir werden mit Geduld auf den Vater warten, damit er diese Dinge Wirklichkeit werden lässt. Da wird es keine Angst, keine Verwunderung und kein Wanken geben.

Wenn wir andererseits fühlen, dass wir etwas tun müssen, um qualifiziert zu sein, wird es uns an der nötigen Zuversicht fehlen, um von Gott empfangen zu können. Wir werden beginnen, tote Werke zu vollbringen, um Gott dazu zu bewegen, Dinge für uns zu tun.

Die Versuchungen des Weltsystems

2. Petrus 1,4 (ELB) gibt uns einen Einblick, wie man dem Verderben, das in dieser Welt ist, entfliehen kann: »… *durch die er uns die kostbaren und größten Verheißungen geschenkt hat, damit ihr durch sie Teilhaber der göttlichen Natur werdet, die ihr dem Verderben, das durch die Begierde in der Welt ist, entflohen seid.*« Diese Verheißungen veranlassen uns, dem Verderben der Welt zu entfliehen.

Der Begriff »Welt« bezieht sich gewöhnlich auf das Weltsystem. Wenn wir uns dem Weltsystem zuwenden, der Ansicht der Welt, ihrer Art und Weise zum Erfolg zu kommen, dann haben wir uns von Gott und seinem Wort abgewendet. Wenn wir, anstatt Gott zu vertrauen, die Verheißungen dadurch zu erlangen versuchen, dass wir entsprechend dem Weltsystem, einem religiösen System oder irgendeinem anderen System handeln, wird das Verderben, das in der Welt ist, folglich uns verderben.

Glaube, dass Gottes Verheißungen für dich sind!

Erinnere dich jedoch, dass ein Großteil dieses Vertrauens darauf beruht, zu vertrauen, dass wir qualifiziert sind. Es genügt nicht, daran zu glauben, dass es Verheißungen gibt; wir müssen glauben, dass diese Verheißungen für uns sind. Wir müssen den einzigen Qualifikationsfaktor für diese Verheißungen akzeptieren – nämlich IN JESUS ZU SEIN.

Petrus hob auch hervor, dass Verderben durch BEGIERDE kommt. Es muss nicht die Begierde nach bösen Dingen sein, sondern nur ein Begehren nach irgendetwas. Nicht das Begehren von Dingen an sich ist Sünde, sondern das Begehren, jene Dinge nach einem anderen Prinzip als Gottes Wort erhalten zu wollen.

Viele Menschen, die von Gott gerufen werden, wenden sich von Gott ab und versuchen, ihre Berufung mithilfe des Weltsystems zu erfüllen. Weil sie nicht tatsächlich auf Gott vertrauen, trachten sie danach, durch Verwendung ihrer Pläne und Entwürfe seine Verheißungen Wirklichkeit werden zu lassen. Das ist genauso gottlos wie jede Art von Sünde. Jeglicher Unglaube ist böse. Jeder Unglaube leugnet entweder, dass Gott uns die Verheißung gegeben hat, oder er bestreitet, dass Jesus allein uns dafür qualifiziert, die Verheißung zu empfangen.

Das, was bewirkt, dass wir uns bei einer Versuchung so verurteilt fühlen, ist die Tatsache, dass wir die Sache wollen, die zu tun wir versucht sind. Wenn wir die Sache nicht wollten (wünschten, begehren würden), gäbe es keine Versuchung. Gewöhnlich fühlen wir uns wegen des Begehrens von irgendetwas so verurteilt, dass wir annehmen, Gott sei mit uns unzufrieden und werde uns nicht helfen. Wir sind aber nicht fähig, die Versuchung aus eigener Fähigkeit zu überwinden und deshalb fallen wir.

Auf welches System setzt du dein Vertrauen: auf das weltliche oder das göttliche?

Es ist wichtig, dass wir die Schlüsselbotschaft über die Begierde verstehen. Jede Begierde, die du hast, wurde von Gott gegeben. Satan kann dir keine Begierden geben. Die Begierde nach sexueller Erfüllung ist ein gottgegebenes Verlangen des Körpers. Die Begierde, erfolgreich zu sein, ist ein gottgegebenes emotionales Bedürfnis. Alle Grundbedürfnisse sind von Gott gegeben.

Was Gott dir nicht gegeben hat, sind die verdrehten Methoden, die jemand bereit ist anzuwenden, um diese Begierden zu erfüllen. In der Versuchung werden uns einfach verkehrte Mittel angeboten, um unsere gottgegebenen Begierden zu erfüllen. Wir willigen in diese Methoden ein, weil wir nicht vertrauen, dass Gottes Methode hinsichtlich der Erfüllung wirklich die beste ist.

Wir missbrauchen gottgegebene sexuelle Bedürfnisse, weil wir nicht glauben, dass eine geschlechtliche Beziehung mit nur einer Person uns die Erfüllung geben kann, die wir uns von sexueller Abweichung erwarten. Wir sind bereit, Menschen zu gebrauchen und zu missbrauchen, um unsere Träume zu erfüllen, weil wir nicht vertrauen, dass wir anderen helfen und zugleich unsere Ziele erreichen können. Wir vertrauen dem Weltsystem mehr als Gottes System.

Bleibe bei der Gnade

Wenn wir gesündigt haben, stehen wir der größten religiösen Versuchung gegenüber: auf Gnade zu verzichten. Wenn ein Christ fällt, meint er, dass er wieder das tun muss, was er vorher getan hat, um so wiederhergestellt zu werden; aber ich erlaube mir anderer Meinung zu sein. Wenn das, was du früher getan hast, gewirkt hätte, wärest du nicht da, wo du jetzt bist. Noch immer ist unsere Werksmentalität eher auf das **Tun** konzentriert als auf das Vertrauen.

Wenn wir in die Seelsorge gehen, wird uns gesagt, was wir zu tun haben, um mit Gott in Ordnung zu kommen. Für den natürlichen Verstand klingt dies alles sehr vernünftig. Es erscheint sinnvoll. Doch der Schlüssel für die Wiederherstellung ist derselbe wie der Schlüssel zum Sieg – GLAUBEN.

Unser Versuch, Dinge zu tun, um zu entsprechen, war es, was uns anfangs in Schwierigkeiten brachte. Zu versuchen, aus eigener Kraft gerecht zu werden, trennt uns von der Gnade. Paulus sagt uns in Galater 2,21: *»Ich missachte die Gnade Gottes in keiner Weise; denn käme die Gerechtigkeit durch das Gesetz, so wäre Christus vergeblich gestorben.«*

Richte deine Blicke mehr auf den Glauben als auf das Tun!

Laut dem Lexikon von Thayer bedeutet das Wort »missachten«: beiseite legen, unwirksam machen, nichtig erklären, ungültig machen oder ablehnen. Mit anderen Worten, wenn ich versuche, all das aus eigener Kraft zu tun, erkläre ich die Gnade Gottes in meinem Leben für nichtig; ich lehne sie ab und mache sie unwirksam bzw. behindere sie. Gott nimmt sie mir nicht weg. Infolge meines Unglaubens ziehe ich es vor, mich auf meine anstatt auf seine Kraft zu verlassen.

Vielleicht bin ich so verzweifelt, dass ich für eine Weile »das Richtige« tue. Doch eines Tages werde ich es müde, das Richtige zu tun, oder ich entfache die alte Begierde wieder. Plötzlich stehe ich einer Sache gegenüber, die stärker ist als MEINE FÄHIGKEIT, das Richtige zu tun. Und so falle ich wieder. Dies ist der Teufelskreis des durchschnittlichen Gläubigen: Zuerst gelingt es ihnen, das Richtige zu tun, dann fallen sie, schließlich ringen sie damit, den Mut oder die Verzweiflung aufzubringen, um es noch einmal zu versuchen, und dann fallen sie wieder.

Wenn ich jedoch in das Licht eintrete und anfange, meinen Glauben in Bezug auf meine Gerechtigkeit dadurch zu beeinflussen, dass ich das bejahe und annehme, was Jesus über mich sagt, und meine Gerechtigkeit durch das vollbrachte Werk Jesu anerkenne, dann wird Gnade allmählich aus meinem Herzen heraus zum Vorschein zu kommen. Ich werde Gottes Fähigkeit (Gnade) finden, um aus meiner Sünde herauszukommen.

Unser wahres Problem ist jedoch, dass wir einfach nicht glauben, dass *Glauben* wirkt. Wir betrachten und beachten *unsere Werke* mehr als das vollbrachte Werk Jesu. Wir sind solange in unserer eigenen Fähigkeit gewandelt, dass wir nicht wissen, wie wir in seiner Fähigkeit wandeln sollen.

Doch du bist auf dem Weg, die unbegrenzte Kraft Gottes zu entdecken. Du liest dieses Buch und du bist enttäuscht und hast es satt, nur das zu haben, was deine Fähigkeit hervorbringen kann. Du suchst Gott und bist auf dem besten Weg, ihn zu finden.

Kapitel 16

Die Versuchung überwinden

In mehr als 20 Jahren Dienst habe ich zwei sehr beunruhigende Tatsachen beobachtet. Erstens überwinden die meisten Leute niemals ihre Probleme, die ihr Leben beherrschen. Viele der Menschen, die ich während meines gesamten christlichen Lebens kennen lernte, mühen sich noch mit denselben Problemen ab, die sie schon immer hatten. Sie kommen in ihrem Leben nicht weiter, weil sie zu sehr damit beschäftigt sind, mit ihren Problemen zu kämpfen.

Die zweite Sache, die mich erstaunt hat, ist die, dass sehr wenige Leute wissen, wie sie Versuchung überwinden können. Bei den meisten Menschen, die ich beraten habe, war es so, dass sie dann, wenn sie einmal mit Versuchung konfrontiert wurden, nicht sehr viel Hoffnung hatten, die Versuchung überwinden zu können. Menschen sind immer besorgt, ängstlich oder begehrend. Sie wissen, dass Jesus den Sieg verheißen hat, doch sie wissen nicht, wie er erlangt wird.

Was viele Gläubige in Bezug auf Sieg am ehesten erleben, ist lediglich Hartnäckigkeit. Hartnäckigkeit ist gut. Sie ist besser als nichts, doch sie ist nicht Sieg. Widerstehe der Sünde in diesem Fall, so gut du es vermagst, denn du willst ja den Schmerz der Sünde nicht, doch glaube niemals, dass bloße Willenskraft Sieg bedeutet.

Hartnäckigkeit und Willenskraft sind das Beste, was wir an Fähigkeiten aufbringen können. Sie werden so lange genügen, solange du nicht müde wirst. Jedoch beim ersten Mal, wenn du ermüdest, wirst du nicht mehr länger stark sein, oder wenn du zum ersten Mal in ein Problem hineinläufst, das stärker als dein Wille ist, wirst du nicht gewinnen; oder du magst vielleicht nur etwas sehen, dem du nachgeben möchtest.

Bleibende Veränderung kommt,
indem man Gott glaubt.

Das Unbefriedigendste am Gebrauch der Willenskraft ist, dass wir innerlich dennoch hin- und hergerissen sind. Wir geben der Sünde vielleicht nach außen hin nicht nach, doch innerlich kämpfen wir. Das ist kein Sieg, und wir werden uns schließlich dem ergeben, was unsere Gefühle beherrscht.

Sich bemühen, um zu ruhen?

Alles, was nötig ist, um diesen Kampf zu beenden, ist unser Herz in Gerechtigkeit gegründet zu haben. Es ist wichtig, dass du das Paradoxon verstehst, wenn die Bibel in Hebräer 4,11 sagt: »*Bemühen wir uns also, in jenes Land der Ruhe zu kommen …*« Dies ist ein Paradoxon, das nicht einmal viele Prediger verstehen, die Gnade lehren.

Bemühen ist erforderlich, um in die Ruhe einzugehen. Es ist jedoch nicht das Bemühen, das die Veränderung bringt. Uns erfolgreich zu bemühen, ist nicht der Sieg, noch führt dies zum Sieg. Es heißt nicht, dass wir uns um Sieg oder Veränderung bemühen sollen; es heißt, wir sollen uns bemühen, IN DIE RUHE HINEIN-

ZUKOMMEN. Hebräer 4,10 definiert Ruhe: *»Denn wer in das Land seiner Ruhe gekommen ist, der ruht auch selbst von seinen Werken aus, wie Gott von den seinigen.«*

Hebräer 4,9 verheißt: *»Also ist dem Volk Gottes eine Sabbatruhe vorbehalten.«* Es gibt einen Punkt, an dem du mit deinen eigenen Anstrengungen aufhörst, dennoch musst du dich bemühen, in diese Ruhe einzugehen. Als Jesus über das Königreich Gottes predigte, das kommen sollte, sprach er davon, wie schwierig es sein würde, hineinzukommen. Er konnte nicht davon gesprochen haben, wie schwierig es sein würde, wiedergeboren zu werden, weil dies zweifellos ein freies Geschenk ist. Einerseits sagte er: »Alle, die glauben.« Und andererseits: »Der Weg ist schmal.«

Worin lag der Widerspruch? Jesus rief uns aus diesem Weltsystem heraus. Dasselbe Wort, das für »Weltsystem« verwendet wird, wird auch für das jüdische Rechtssystem gebraucht: das Gesetz. Jesus verlangte von uns, die Staatsbürgerschaft zu wechseln. Um die Staatsbürgerschaft zu wechseln, müssen wir andere Gesetze akzeptieren, sie lernen, und die Änderungen der Gesetze festhalten.

Ich kann nicht gemäß denselben Gesetzen (Prinzipien) im Königreich Gottes arbeiten, wie ich es im Königreich der Finsternis tat. Die Schwierigkeit hineinzukommen bezieht sich nicht darauf, wie schwer es sei, gerettet zu werden. Die Schwierigkeit hineinzukommen liegt darin, wie schwer es ist, meine alte Denkweise aufzugeben. Es hat ein Wechsel der Königreiche, ein Wechsel der Priesterschaft und ein Wechsel des Systems stattgefunden; deshalb muss ich meine Ansichten, Meinungen und Vorstellungen ändern. Es wird für mich eine Anstrengung erforderlich sein, meine früheren Anschauungen aufzugeben. Es wird Anstrengung notwendig sein, mein Herz zu verändern. Dies ist das Bemühen, das gemeint ist.

Wenn ich meine Ansichten auf der Herzensebene einmal geändert habe, werde ich in die Ruhe eintreten. Von diesem Zeitpunkt an wird jede Veränderung, die in meinem Leben stattfindet, aus Glauben heraus und nicht durch Tun geschehen. Ich werde nicht länger zähneknirschend über Sünde siegen, »mich anfeuern« und einen großen Beweis meiner Willenskraft liefern. Ich werde **durch meinen Glauben** mit Freude überwinden, doch muss ich mein Herz im Glauben an die Wahrheit gründen.

Völlig überzeugt sein

Obwohl wir schon vorhin das Überzeugen des Herzens besprochen haben, muss ich nochmals darauf zurückkommen. Die Bibel sagt in Römer 4,21 von Abraham, dass er *»fest davon überzeugt war, dass Gott die Macht besitzt, zu tun, was er verheißen hat.«* Abraham war völlig überzeugt. Das war der Schlüssel zu seiner beständigen Zuversicht in Gott. Eine Person, die nicht überzeugt ist, wird wanken.

In Römer 8,38 erklärt Paulus, dass er von der Liebe Gottes überzeugt war: *»Denn ich bin gewiss: weder Tod noch Leben, weder Engel noch Mächte, weder Gegenwärtiges noch Zukünftiges, … können uns scheiden von der Liebe Gottes…«*

In Römer 14,5 (ELB) erläutert Paulus, dass du, ganz gleich, was du glaubst, in deinem Denken völlig davon überzeugt sein musst. *»Der eine hält einen Tag vor dem anderen, der andere aber hält jeden Tag gleich. Jeder aber sei in seinem eigenen Sinn völlig überzeugt.«*

In 2. Korinther 5,11 (ELB) spricht Paulus davon, dass sein Dienst darin bestand, die Menschen zu überzeugen: *»Da wir nun den Schrecken des Herrn kennen, so überreden wir Menschen, …«* Es war Paulus' Überzeugung von Gottes Macht, die ihn befähigte, die Einkerkerung und Mühsal ohne Angst zu erdulden. *»Darum muss ich auch dies alles erdulden; aber ich schäme mich nicht, denn ich weiß, wem ich Glauben geschenkt habe, und ich bin überzeugt, dass er die Macht hat, das mir anvertraute Gut bis zu jenem Tag zu bewahren«* (2Tim 1,12).

Der gemeinsame Nenner von allen großen Glaubenshelden war der, dass sie überzeugt waren; folglich hatten sie Glauben. Hebräer 11,13 verrät uns diesen gemeinsamen Nenner: *»Voll Glauben sind diese alle gestorben, ohne das Verheißene erlangt zu haben; nur von fern haben sie es geschaut und gegrüßt und haben bekannt, dass sie Fremde und Gäste auf Erden sind.«*

Das eigentliche Wort »Glaube« ist in der Originalsprache ein Teil eines Wortes, das bedeutet, zu vertrauen, überzeugt zu sein bis zum Vertrauen. Wir haben kein Vertrauen (keinen Glauben) bis wir von Gott überzeugt sind. Diese Überzeugung kann auf verschiedene Weise kommen. Sie kann davon kommen, dass man die Meinung anderer hört. Sie kann vom Lesen der Bibel kommen. Sie kann vom Betrachten des Wortes Gottes kommen. Sie kann davon kommen, dass wir das Wort Gottes aussprechen. Sie kann kommen, indem uns der Heilige Geist in die Wahrheit führt. Wir sollten für das Überzeugen unseres Herzens jedes mögliche Mittel benutzen.

Ich habe viele Jahre damit verbracht, das Wort täglich im Gebet und in Anbetung zu »bekennen«, um auf diese Weise mein Herz zu gründen. Das wurde jedoch nie zur Quelle meiner Gerechtigkeit. Als ich anfing, mich wegen meines Eifers selbstgerecht zu fühlen, habe ich entweder für eine Weile damit aufgehört oder ich änderte einfach meine Denkweise (bekehrte mich). Es wäre völlig irreführend, dir zu sagen, dass mein Herz in all dem gegründet wurde, NUR weil ich mich entschied, zu glauben. Ich habe mich entschieden zu glauben, aber dann habe ich jeden biblischen Schritt getan, den ich tun konnte, um diese Wahrheit in mein Herz zu bekommen.

Du musst dich entscheiden zu glauben!

Die Veränderung, die in mein Leben kam, war mühelos. Ich muss nicht jeden Tag bekennen, um in Liebe zu wandeln. Ich muss nicht jeden Tag bekennen, um gesund zu sein. Ich muss nicht jeden Tag bekennen, um Gottes Schutz zu haben. Doch es gab eine Zeit, in der mein Herz nicht standfest genug gewesen wäre, um durchzuhalten, wenn ich nicht täglich dies alles getan hätte.

Sobald mein Herz einmal in einem bestimmten Bereich fest gegründet war, musste ich mich nicht länger abmühen, um in diesem Bereich in die Ruhe einzutreten. Sich darin weiterzuentwickeln, bedeutet nicht, dass es schwieriger und schwieriger wird. Es bedeutet, dass es leichter und leichter wird. Ich bete heute nicht mehr in dem Ausmaß »diszipliniert«, wie ich es vor 10 Jahren tat, doch habe ich eine spontanere Gemeinschaft und Führung durch den Heiligen Geist.

Versuchung kommt nur dann, wenn unser Herz in einem Bereich bewegt wird. Wenn wir uns von unserem Vertrauen in das vollendete Werk Jesu, seine Versorgung oder Verheißung entfernen, steuern wir auf eine Versuchung zu. Wenn diese Versuchung kommt, ist es leicht, sie zu überwinden; und all das geschieht auf der Herzensebene.

Entscheidende Fragen

Die Stelle in 2. Korinther 10,3 (ELB), die so oft falsch zitiert und angewendet wird, sagt: *»Denn obwohl wir im Fleisch wandeln, kämpfen wir nicht nach dem Fleisch«*. Dies ist keine Schriftstelle, die über das Kämpfen mit dem Teufel spricht, es ist eine Schriftstelle, die über das Kämpfen gegen leere Vorstellungen spricht. In den folgenden Versen werden diese Vorstellungen noch beschrieben.

2. Korinther 10,4–5 (ELB) sagt: *»... so zerstören wir Vernünfteleien und jede Höhe, die sich gegen die Erkenntnis Gottes erhebt ...«* Jeder Gedanke, der nicht mit der Erkenntnis Gottes übereinstimmt, ist eine leere Vorstellung. So eine Vorstellung ist eine »Höhe«. Sie ist ein Götze, ein eingraviertes Bild in deinem Verstand. Sie muss niedergerissen werden. Doch wie 2. Korinther 10,4 (ELB) feststellt: *»Denn die Waffen unseres Kampfes sind nicht fleischlich; sondern mächtig für Gott zur Zerstörung von Festungen; ...«* Dies kann nicht mit fleischlichen oder natürlichen Methoden gelingen.

Es ist unmöglich zu sündigen,
wenn du dich gerecht fühlst.

Wir kämpfen diesen Kampf nicht mit unserer natürlichen Stärke oder indem wir den Teufel anschreien. 2. Korinther 10,5 (ELB) fährt fort: *»... und nehmen jeden Gedanken gefangen unter den Gehorsam Christi.«* Was könnte dies möglicherweise bedeuten? Bedeutet dies, dass ich jeden Gedanken dazu bringe, mir zu gehorchen? Heißt das, dass ich es vermag, jeden Gedanken dazu zu bringen, Christus zu gehorchen? Was bedeutet es?

Wenn eine leere Vorstellung sich erhebt, wird sie dich in Bezug auf das, wer du in Jesus bist, herausfordern. Sie wird deine Fähigkeit, der Versuchung und der Sünde zu widerstehen, anzweifeln. Sie wird all das verleugnen, wozu Jesus gekommen ist, um es dir zu geben. Die eigentliche Frage, die du dir stellen musst, wenn du versucht wirst, ist folgende: Besiegte Jesus diese Sünde bei seiner Auferstehung? Brachte Jesu Gehorsam ihm den Sieg über diese Sünde? Die Antwort ist offensichtlich: Ja!

Die nächste Angelegenheit, die geklärt werden muss, ist die: Bin ich in Jesus? Wenn ich in Jesus bin, wenn ich ein Miterbe von all dem bin, was er erhalten hat, dann habe auch ich Sieg über diese Sünde. Ich habe seine Gerechtigkeit. Ich habe seine Gnade (Fähigkeit); deshalb bin ich unbelastet von dieser Versuchung.

Sobald ich den Sieg Jesu über die Sünde und die Tatsache, dass ich in ihm und deshalb gerecht bin, anerkenne, ist Gnade immer da, um mich zu befähigen, ohne Sünde zu leben. Ich entferne mich von dieser Sünde, ohne ein Verlangen nach ihr zu haben, weil die Gnade Gottes durch mein ganzes Wesen fließt. Ich **fühle** die Gerechtigkeit, die beständig in mir ist. Es ist unmöglich zu sündigen, wenn du dich gerecht fühlst.

Diese Anerkennung der Wahrheit beeinflusst mein Herz. Indem ich anerkenne, wer Jesus in mir ist, kommt der absolute Sieg. Philemon 1,6 (ELB) sagt es folgendermaßen: *»dass die Gemeinschaft* (das Teilen, die Lebensweise, die Umsetzung) *deines Glaubens wirksam* (effektiv) *werde in der Erkenntnis* (sowohl ausgesprochen als auch gedacht) *alles Guten, das in uns im Hinblick auf Christus ist.«*

Du musst dich vor Versuchung oder Sünde nicht immer wieder fürchten. Du wirst nicht den Rest deines Lebens damit verbringen, mit deinen lebensbeherrschenden Problemen zu kämpfen. Du wirst entdecken, was es heißt, tatsächlich frei zu sein.

Tu, was immer dazu nötig ist, um dein Herz in deiner Identität in Jesus zu gründen. Ich kenne kein besseres Hilfsmittel dafür als den *Prayer Organizer* (ebenfalls vom Autor erschienen), doch was auch immer du tust, mache nicht das zu deiner Gerechtigkeit. Werde in Bezug auf das Überzeugen deines Herzens nicht gesetzlich, aber fahre fort damit.

Es steht eine neue Welt, ein neues Leben für dich bereit. Da gibt es ein Ausmaß an Frieden und Freude, das über unsere tollsten Träume hinausgeht. Jesus starb, um diese dir zu geben, doch du musst in deinem Herzen glauben; ansonsten kann dein Leben davon nicht beeinflusst werden.

Kapitel 17

DIE GNADE ZUR VERÄNDERUNG

Wir wurden aus einem von zwei Gründen gerettet: entweder, weil wir nicht in die Hölle kommen wollten, oder weil wir uns ändern wollten. Wenn dein einziger Grund anfänglich die Vermeidung der Hölle war, hast du seither hoffentlich eine neue Motivation entwickelt.

Bei mir war es ein bisschen von beidem. Ich wollte nicht in die Hölle kommen. Doch da war noch ein viel stärkeres Bedürfnis in mir. Es war das Bedürfnis nach Veränderung. Ich war es leid, der zu sein, der ich war, das zu tun, was ich tat, und so zu sein, wie ich war. Ich wusste in meinem Herzen, dass Gott der Einzige ist, der mir helfen konnte. Doch ich wollte nicht wie die meisten Christen werden, die ich gesehen hatte. Was sie hatten, war mehr eine Krankheit oder eine Sucht als ein Leben.

Als Kind war ich an Samstagnachmittagen immer im Kino. Ich hatte »Die Zehn Gebote« gesehen. Ich war von der Geschichte Simsons begeistert. Ich hatte all die großartigen Filme über biblische Persönlichkeiten gesehen. Ich wollte den Gott kennen lernen, den sie kannten. Er war anders als der Gott, den die Christen kannten. Er war echt und mächtig. Er konnte Leben verändern.

Mein ganzes Leben lang wollte ich Gott kennen lernen, obwohl nichts an meinem Verhalten war, das darauf hinwies. Bevor ich errettet wurde, ging ich in meinem ganzen Leben nur ein paarmal in die Kirche. Jeder, der mich kannte, dachte, dass ich ein Atheist sei. Christen hatten Angst, vor mir ein Zeugnis abzulegen. Diejenigen, die vor mir ein Zeugnis ablegten, gaben kein Zeugnis vom auferstandenen Herrn, der mich liebte und der mir helfen wollte. Sie gaben Zeugnis von dem Gott ihrer Vorstellung, von einem Gott, der mich so, wie ich war, hasste und der von mir verlangte, dass ich mich mittels eigener Fähigkeit ändern sollte.

Jahrelang betete ich jede Nacht. Ich sagte Gott jede Nacht, dass ich nicht sterben und in die Hölle kommen wolle. Ich sagte ihm jede Nacht, dass ich Hilfe brauche. Ich wollte mich ändern; ich wusste genau, dass ich es nicht aus eigener Kraft schaffte. Ich hatte es zu oft versucht und hatte zu oft versagt.

Als ich eines Tages mit einem befreundeten Musiker im Auto fuhr, fand Gott einen Weg in mein Leben. Sein Cousin war errettet worden und hatte es ihm gegenüber bezeugt. Mein Freund verfluchte und kritisierte alles, was sein Cousin zu ihm gesagt hatte. Doch inmitten aller Gottlosigkeit und Kritik zitierte er ein paar Schriftstellen, die er gehört hatte. Dies reichte für mich.

Nachdem ich ihn aus meinem Wagen aussteigen ließ, brannten diese Schriftstellen wie Feuer in mir. Die Bibel sagt in Johannes 16,8: *»Und wenn er kommt, wird er die Welt überführen, was Sünde, Gerechtigkeit und Gericht ist.«* In dem Augenblick, als er eine Wahrheit hatte, mit der er wirken konnte, verrichtete der Heilige Geist seine Arbeit. (Es ist wichtig zu beachten, auf welche Art und Weise der Heilige Geist mit der Welt, und nicht mit der Kirche in Beziehung tritt.)

Das Erkennen der Wahrheit setzt mich frei

Die *Living Bible* (eine englische Bibelübersetzung) macht dies so verständlich: *»Und wenn er kommt, wird er die Welt überführen* *von ihrer Sünde, von der Verfügbarkeit von Gottes Güte* (Gerechtigkeit) *und von der Errettung aus dem Strafgericht. Die Sünde der Welt besteht im Unglauben mir gegenüber; da ist Gerechtigkeit verfügbar, weil ich zum Vater gehe und ihr mich nicht mehr sehen werdet, da gibt es Errettung aus dem Strafgericht, weil der Fürst dieser Welt bereits gerichtet wurde«* (Joh 16,8–9).

Der Heilige Geist musste mich davon überzeugen, dass ich von der Sünde befreit werden und Gerechtigkeit haben kann, weil Jesus dies möglich machte. Als ich betete, lieferte ich ihm mein Leben aus, damit er es auf welche Art auch immer, ändern würde, weil ich wusste, dass ich es nicht ändern konnte. Dieses Eingeständnis der Unfähigkeit und Abhängigkeit von seiner Fähigkeit bewirkte die einzig wichtigste Veränderung, die jemals in meinem Leben stattfand.

Niemand kann seine Errettung verdienen.

Ich tat nichts, um sie zu verdienen. Alles, was ich tat, war glauben, beten und vertrauen. Die daraufhin folgendenden Veränderungen waren meinerseits vollkommen mühelos. Ich erinnere mich, dass ich gedacht habe: »Ich muss das auf die Probe stellen, um herauszufinden, ob es wahr ist.« Also ging ich zu einer Party, um auszuprobieren, ob ich jeder Versuchung widerstehen könnte. Ich widerstand ihr nicht nur; ich wollte nicht einmal irgendeine davon. Eine Veränderung hatte in mir stattgefunden, die in keiner Weise mit meiner Fähigkeit oder meinem Verständnis zusammenhing.

Einige Jahre lang lebte ich in großer Freiheit. Ich schloss mich einer kleinen Baptistengemeinde an, die von meinem Wohnsitz aus zu Fuß erreichbar war. Ich hatte einen wunderbaren Pastor, der mir wirklich half. Er legte ein Fundament, das mich schließlich in die Wahrheit hineinführte, die ich heute erlebe.

Es dauerte jedoch nicht lange bis ich erkannte, dass ich den Baptisten ein Dorn im Auge war. Ich war im Heiligen Geist getauft worden, ich trieb Teufel aus und tat alle möglichen Dinge, an die sie nicht glaubten. Deshalb machte ich mich auf die Suche nach einer anderen Gemeinde.

Die nächste Gemeinde, der ich beitrat, war charismatisch. Der Pastor dieser Kirche war einer der besten Prediger, die ich je gehört habe. Er war so überzeugend. Das einzige Problem bestand darin, dass sich die Wahrheit nicht sehr für ihn auswirkte.

Dann besuchte ich eine charismatische Bibelschule. Eines der Dinge, die ich früh bemerkte, war, dass keiner dazu fähig zu sein schien, das zu erhalten, von dem sie glaubten, dass es wirke. Es gab eine ganze Menge von Predigten über all die Gründe, weshalb es nicht wirke, und auch über all die Dinge, die wir tun müssten, damit es wirke. Je genauer ich zuhörte, je mehr Aufzeichnungen ich mir machte, je mehr ich das glaubte, was ich hörte, desto weniger funktionierte irgendetwas in meinem Leben.

Es ist seine Fähigkeit – nicht die unsrige

Ich wurde wie die Gläubigen in Galatien. Paulus fragt sie in Galater 3,3: »*Seid ihr so unvernünftig? Am Anfang habt ihr auf den Geist vertraut, und jetzt erwartet ihr vom Fleisch die Vollendung.*« Sie hatten, wie ich, dieses Christenleben durch die Kraft des Heiligen Geistes begonnen. Doch nun versuchten sie, dieses Werk durch ihre eigene Fähigkeit (das Fleisch) zu vollenden.

Der Heilige Geist kam nicht in dich, um EINIGE anfängliche Veränderungen hervorzubringen und dich dann auf dich allein gestellt zurückzulassen. Wie Philipper 1,6 sagt: *»Ich vertraue darauf, dass der, der bei euch das gute Werk begonnen hat, es auch vollenden wird bis zum Tag Christi Jesu.«* Wir werden nicht durch Gnade errettet und durch Werke gerecht gemacht. Das Evangelium verkündet Glaubensgerechtigkeit aus Glauben zum Glauben.

Jede Veränderung, die in deinem Leben dringend notwendig ist, kann durch die Kraft des Heiligen Geistes geschehen, vollkommen unabhängig von deinen Leistungen. Die Art und Weise, wie du diesen Weg begonnen hast, ist auch die Art und Weise, wie du diesen Weg vollenden wirst. Kolosser 2,6 (ELB) sagt: *»Wie ihr nun den Christus Jesus, den Herrn empfangen habt, so wandelt in ihm.«*

Wenn du dich auf dieselbe Weise, wie ich es tat, um Veränderung bemühst, bist du vermutlich schon an einem Punkt angelangt, an dem deine Zuversicht, dich ändern zu können, oder das Fehlen derselben darin gründen, dass du auf deine eigene Fähigkeit, und nicht auf Gottes Fähigkeit schaust. Du hast Jesus ineffektiv gemacht. Durch das Herausgehen aus dem Bereich der Gnade hast du Jesus »dienstuntauglich« erscheinen lassen.

Der Heilige Geist fährt fort, den Gläubigen zu helfen, soweit sie im Glauben wandeln.

Sehr wenige Menschen geben jemals wegen Gott auf. Sie geben ihretwegen auf. Sie geben wegen ihrer Fähigkeit auf, die sie auch aufgeben sollten. Du hast deine Fähigkeit aufgegeben, als du errettet wurdest. Doch du wurdest, wie ich, langsam dazu verleitet, zu Leistungen, Bemühungen und persönlicher Fähigkeit zurückzukehren.

Paulus sagt in Galater 5,16: *»Ich sage euch aber: Wandelt im Geiste und ihr werdet die Lust des Fleisches nicht erfüllen.«* Das Fleisch begehrt stets Befriedigung, und zwar jede Art von Befriedigung. Der Christ beginnt das Fleisch immer dann zu befriedigen, wenn er versucht, durch seine eigenen Anstrengungen gerecht zu sein. Dies entfernt uns von der Gnade (Gottes Fähigkeit) und versetzt uns zurück in den Bereich unserer eigenen Fähigkeit.

Obwohl du errettet bist und eine neue Natur hast, ist deine Fähigkeit der Sünde zu widerstehen dieselbe, wie sie es war, bevor du errettet wurdest. Du wurdest errettet, weil du nicht die Fähigkeit hattest, dein Leben so zu leben, wie du es wolltest. Wenn du zu deiner Fähigkeit zurückkehrst, wirst du dort weitermachen, wo du aufgehört hast, und du wirst schlussendlich auf demselben Platz enden.

Galater 5,19–21 sagt: *»Die Werke des Fleisches sind deutlich erkennbar: Unzucht, Unsittlichkeit, ausschweifendes Leben, Götzendienst, Zauberei, Feindschaften, Streit, Eifersucht, Jähzorn, Eigennutz, Spaltungen, Parteiungen, Neid und Missgunst, Trink- und Essgelage und Ähnliches mehr. Ich wiederhole, was ich euch schon früher gesagt habe: Wer so etwas tut, wird das Reich Gottes nicht erben.«*

Wenn ein Mensch im Fleisch (gemäß der persönlichen Fähigkeit) lebt, kommen diese Sünden nach und nach zutage. Weshalb? Weil dein Fleisch aus eigener Kraft nicht fähig ist, dem Bedürfnis nach Befriedigung zu widerstehen. Du wirst dich selbst in Sünde wiederfinden, wenn du versuchst, aus deiner eigenen Fähigkeit heraus zu leben.

Die Veränderungen, die du suchst, werden nicht so schwierig zu erreichen sein, wie du vielleicht annimmst. Ich habe Tausende Menschen gesehen, die mit wenigen kleinen Berichtigungen in ihrem Glaubenssystem sofortige Veränderungen erreicht haben.

Entdecke die Einfachheit des Vertrauens in Christus!

Auf diesen restlichen paar Seiten wirst du die Kraft für mühelose Änderung entdecken. Indem du die Wahrheit glaubst, wirst du zur Einfachheit des Christseins zurückkehren. Du wirst von neuem herausfinden, wie einfach, leicht und freudvoll es ist, den Herrn zu kennen. Du wirst erfassen, was Jesus meinte, als er sagte: *»Kommt alle zu mir, die ihr euch plagt und schwere Lasten zu tragen habt. Ich werde euch Ruhe verschaffen. Nehmt mein Joch auf euch und lernt von mir; denn ich bin gütig und von Herzen demütig; so werdet ihr Ruhe finden für eure Seele. Denn mein Joch drückt nicht und meine Last ist leicht«* (Mt 11,28–30).

Kapitel 18

Betrachtung des Herzens

Um den Menschen und seine Bedürfnisse völlig zu verstehen, muss man das Herz des Menschen verstehen. Jede bleibende Veränderung, ob gut oder schlecht, ist das Ergebnis von etwas, was im Herzen vor sich geht. Was auch immer wir in unserem Herzen glauben, bestimmt all das, was sich in unserem Leben ereignet.

Man mag sich vorübergehend über das Niveau des Herzens erheben oder darunter sinken, doch wir kehren immer zu dem zurück, was wir in unserem Herzen glauben. Dein heutiges Leben ist kein Ergebnis dessen, was du tust; es ist ein Ergebnis dessen, was du glaubst. Aus diesem Grund ist der Versuch, Veränderung dadurch zu bewirken, dass du deine Handlungen veränderst, mit dem Versuch vergleichbar, mit einem Ventilator die Windrichtung ändern zu wollen. Wenn du an der richtigen Stelle stehst, kommt es dir so vor, als würde es funktionieren. Doch das ist nur eine Illusion.

Nur zur Klarstellung: Du sollst wissen, dass ich dich in Bezug auf die Veränderung deines Verhaltens nicht entmutigen will. Es ist bewundernswert und verantwortungsvoll, wenn eine Person Selbstkontrolle ausübt. Doch muss man zuerst begreifen, dass dies keine wahre, andauernde Veränderung bewirkt; und darin besteht auch nicht deine Gerechtigkeit. Das gute Gefühl, das du hinsichtlich dieser Veränderung hast, die du zustandebringst, ist nicht viel mehr als Selbstgerechtigkeit. Du fühlst dich gut, weil du Gutes tust. Doch dieses Gefühl wird verschwinden, wenn du aufhörst, Gutes zu tun. Glaubensgerechtigkeit bleibt jedoch, ungeachtet deines Verhaltens.

Echter biblischer Glaube wird stets unsere Beweggründe beeinflussen und sie aufdecken. Solange die Angst vor Strafe gegenwärtig ist, weißt du nie, was deine Beweggründe sind. Doch freie Wahl, Befreiung von den Folgen, wird stets unser Herz aufdecken.

»Denn lebendig ist das Wort Gottes, kraftvoll und schärfer als jedes zweischneidige Schwert; es dringt durch bis zur Scheidung von Seele und Geist, von Gelenk und Mark; es richtet über die Regungen und Gedanken des Herzens« (Hebr 4,12).

Wenn eine Person erstmals Glaubensgerechtigkeit und das Evangelium des Friedens (Jes 54,9–10) entdeckt, ist sie oft darüber erstaunt, was in ihrem Leben an die Oberfläche kommt. Sobald du die Androhung von Strafe beseitigst, wird das Herz eines Menschen offenbar. Nicht diese Botschaft ist es, die eine Person veranlasst zu sündigen; die Sünde befindet sich bereits in ihrem Herzen. Diese Botschaft wird jedoch aufdecken, was in ihrem Herzen ist.

Dein Leben ist ein Produkt dessen, was du glaubst.

Zum ersten Mal in ihrem Leben beginnen Menschen zu entdecken, warum sie so zu kämpfen hatten. Sie finden schließlich heraus, dass Gott sie nicht im Stich gelassen hat und dass das Wort wahr ist und wirkt. Der Schleier von ihrem Herzen wird erstmals gehoben, doch dies geschieht nur dann, wenn die Androhung von Strafe beseitigt ist.

Aus welchem Grund hörtest du auf zu sündigen?

Lass uns nun etwas gründlicher das Aufdecken deiner Herzensmotive ansehen. Aufgrund falscher Lehren neigen Gläubige dazu, eine falsche Vorstellung von Sünde und von Gott zu haben. Wir neigen dazu, all jene Dinge als Sünde anzusehen, die vergnüglich, jedoch verboten sind. In seiner Forschung fand Tony Robbins heraus, dass Menschen alles Mögliche, wozu sie fähig sind, tun werden, um Schmerzen zu vermeiden und Vergnügen zu erleben.

Obwohl ich nicht vorgebe zu wissen, was Mr. Robbins glaubt, erkenne ich, dass er eine biblische Wahrheit herausgefunden hat. Gott schuf den Menschen und setzte ihn in einen Garten, genannt Paradies. Das klingt wie ein sehr ergötzliches Erlebnis. Alle Bedürfnisse des Menschen wurden befriedigt. Es gab keinen Mangel, kein Leiden – KEINEN SCHMERZ.

Weil der Mensch der Integrität Gottes nicht vertraute, nahm er die Dinge selbst in die Hand. Jedes Leid, das sich seit dem Garten Eden ereignet hat, bekam durch falsche Glaubensüberzeugungen und durch falsches Verhalten des Menschen Zutritt. Doch wir sind davon überzeugt, dass all unser Schmerz Gottes Art und Weise ist, mit uns umzugehen.

In Galater 3,13 sagt Paulus: »*Christus hat uns vom Fluch des Gesetzes freigekauft, indem er für uns zum Fluch geworden ist; denn es steht in der Schrift: Verflucht ist jeder, der am Pfahl hängt.*« Gott wollte nicht, dass der Mensch in Schmerzen und Leid verbleibt, und deshalb ließ er Jesus für uns alle Schmerzen erfahren. Gott hat niemals beabsichtigt, dass wir in Schmerz und Leid leben sollten. Wir wurden geschaffen, um in Freude über die vollumfängliche Versorgung und in einer vollkommen sicheren Beziehung mit Gott zu leben.

Doch das durchschnittliche christliche Glaubenssystem verleugnet diese Wahrheit vollkommen. Wir sehen die Sünde nicht als zerstörerisch und schmerzhaft an. Wir sehen sie als eine Liste all der vergnüglichen Dinge an, die Gott uns nicht zu tun erlauben will. Ein gottgefälliges Leben betrachten wir als langweilig, nicht erfüllend, einschränkend und schmerzhaft. Deshalb streben wir gewöhnlich zur Sünde zurück.

Wenn wir unter Stress geraten, oder wenn Mühsal, Not oder Schwierigkeiten in unser Leben kommen, fangen wir an, etwas Vergnügliches zu begehren. Weil wir in unserem Herzen glauben, dass die Sünde etwas Vergnügliches sei, streben wir nach der Sünde, anstatt nach Gott. Wenn dann der Schmerz und die Zerstörung der Sünde sich in unserem Leben auszuwirken beginnen, meinen wir, dass Gott uns diesen Schmerz schickt um uns wieder zur Ordnung zurückzurufen. Mit einem derartigen Glaubenssystem wirst du die Sünde niemals überwinden.

Überdenke dein Leben. Denk an all die Dinge, womit du aufgehört hast, sie zu tun, nachdem du ein Gläubiger wurdest. Mach von all jenen Dingen eine Liste und schreibe zu jeder Sache, warum du aufgehört hast, diese zu tun. Denke das wirklich durch!

Hörtest du auf diese Dinge zu tun,

- weil du erkanntest, dass sie zerstörerisch sind?
- weil sie Schmerz und Leid brachten?
- weil sie die Quelle des Schmerzes in deinem Leben waren?

Oder hast du mit jenen Dingen aufgehört,

- weil du dachtest, dass dies notwendig sei, um von Gott angenommen zu werden?
- weil du dachtest, Gott würde dich sonst bestrafen?

Wenn du mit irgendetwas aus Angst aufhörtest und du diese Motivation nie geändert hast, ringst du noch immer mit dieser Sünde. Du wirst jene Überzeugungen und Handlungen niemals völlig aufgeben können, bis du erkennst, dass inkorrekte Glaubensüberzeugungen und sündige Handlungen die Quelle jedes Schmerzes in deinem Leben sind.

Deine wahren Gefühle werden offenbar,
wenn Furcht beseitigt ist.

Wenn Sünde für dich das Vergnügen ist, das du aufzugeben hast, du dies aber eigentlich nicht tun willst; wenn Gott und sein Wort dir keine Freude bereiten, sondern nur Schmerz, den du zu brauchen meinst, um der Hölle zu entgehen, dann wirst du für immer ringen. Wenn du die Botschaft vom Frieden mit Gott hörst, wirst du dem, was wirklich in deinem Herzen ist, erlauben an die Oberfläche zu kommen. Die Sünde, die in deinem Herzen ist, wird sichtbar werden, wenn die Angst beseitigt ist.

Du wirst herausfinden, dass du nicht gedient, gegeben oder dich geändert hast, weil du in einer wunderbaren Beziehung mit einem guten Gott lebst, sondern, weil du vor einem zornigen Gott Angst hattest. Obwohl es ein wenig entmutigend ist, dies zu entdecken, ist es doch ein erster Schritt zum wahren Sieg.

Oft kommen Menschen zu mir und sagen: »Jim, diese Botschaft funktioniert nicht.« Ich frage dann immer nach: »Was bringt dich dazu, so zu denken?« Sie antworten für gewöhnlich: »Na ja, ich gebe den Zehnten nicht mehr in dem Ausmaß, wie ich es früher tat, und ich stelle bei mir fest, dass ich zu vielen Dingen, die ich vorher tat, keine Lust mehr habe. Ich gehe nicht mehr so oft in die

Kirche, ich bete nicht mehr so oft usw.« Ich antworte dann immer darauf: »Für mich klingt es so, als ob die Botschaft wirken würde.« Natürlich zeigen sie sich über meine Antwort immer empört.

Dann fange ich an, sie darüber zu befragen, warum sie früher all jene Dinge taten. Ich bekam stets Antworten wie: »Ich habe gegeben, weil ich Angst hatte, dass ich unter den Fluch kommen würde, wenn ich es nicht getan hätte. Ich betete, weil ich glaubte, dass ich Gottes Schutz nicht hätte, wenn ich es nicht täte. Ich war regelmäßig in der Kirche, damit der Pastor denken würde, dass ich treu sei.« Wenn Angst beseitigt ist, werden die wahren Gefühle aufgedeckt, die hinter dem stehen, was eine Person veranlasst, etwas zu tun oder nicht zu tun.

Das Schöne kommt dann, wenn eine Person zum ersten Mal verstehen kann, weshalb sie mit sündigen Gedanken und sündigem Verhalten ringt. Es ist so befreiend zu wissen, dass Gott dich nicht im Stich gelassen hat. Du findest heraus, dass du kein total schwacher Versager bist. Du entdeckst, dass du nur dem gemäß gelebt hast, was in deinem Herzen war.

Wie man Veränderung erzielt

Veränderungen herbeizuführen ist nicht so schwierig, wie es aussehen mag. Es geht einfach um Bekehrung. Erinnere dich: Das Wort »Bekehrung« bedeutet wörtlich eine Änderung der Denkweise. Das, **wovon** du dein Denken abwendest, ist nicht annähernd so wichtig wie das, **worauf** du dein Denken neu ausrichtest. Bekehrung hat damit zu tun, was du ZU GLAUBEN BEGINNST, nicht, was du aufhörst zu tun. Das Tun wird durch Glauben gesteuert. Wenn du deinen Glauben änderst, wird sich dein Tun mühelos verändern.

Fang damit an, die Tatsache anzuerkennen, dass du in Jesus gerecht bist. Denk darüber nach, sprich es laut aus, erinnere dich selbst regelmäßig daran. Weil du durch Jesus gerecht bist, darfst du entgegennehmen, dass Gott dich liebt und dich annimmt. Du brauchst nichts zu tun, um von Gott angenommen zu werden – wenn Jesus deine Gerechtigkeit ist. Gnade regiert durch Gerechtigkeit. Solange du nicht glaubst, dass du gerecht bist, wirst du immer auf deine eigene Fähigkeit beschränkt sein. *»Damit, wie die Sünde geherrscht hat im Tod, so auch die Gnade herrscht durch Gerechtigkeit zu ewigem Leben durch Jesus Christus, unseren Herrn«* (Röm 5,21 ELB). Wenn du glaubst, dass du gerecht bist, und wenn du dich in deinem Herzen entschieden hast, was du im Leben haben möchtest, wird die Fähigkeit Gottes zu wirken beginnen.

Gnade regiert durch Gerechtigkeit.

Der wirksamste Weg, den ich kenne, um dein Herz bezüglich sündhafter Überzeugungen und sündhaften Verhaltens zu beeinflussen, ist der, dir all das einmal selbst ganz klar zu machen. Jeder Schmerz in deinem heutigen Leben ist das Ergebnis von etwas, was du glaubst oder tust. Da wir gerecht sind, gehen wir eine Veränderung nie aus der Sicht von »richtig oder falsch« an. Entscheidungen auf der Basis dessen zu fällen, was richtig oder falsch ist, kann dich täuschen und in Zerstörung hineinführen.

Paulus sagt in 1. Korinther 6,12: *»Alles ist mir erlaubt – aber nicht alles nützt mir. Alles ist mir erlaubt, aber nichts soll Macht haben über mich.«* Das Wort »nützlich« bedeutet gewinnbringend, passend, hilfreich und wohltuend. Wenn wir vom Gesetz frei sind, dann sind wir gerecht. Wir fällen keine Entscheidungen, gegründet auf der Überlegung, was uns gemäß dem Gesetz gerecht machen würde. Wir sind durch Jesus gerecht.

Wenn ich erkenne, dass die Sünde es ist, die Schmerz in mein Leben bringt; wenn ich erfasse, dass die Wahrheit die Quelle aller Erfüllung und Freude ist; wenn ich einsehe, dass es in meiner Macht steht, die guten Dinge Gottes durch meine Entscheidungen zu erfahren, dann werde ich meine Entscheidungen auf einer gänzlich anderen Basis von Beweggründen treffen. Ich erkenne, dass das, was ich wähle zu glauben und zu tun, meine Freude und mein Vergnügen in diesem Leben beeinflusst. Ich werde mich dann für die Wahrheit entscheiden.

Mach eine Liste von jedem Schmerz in deinem Leben! Bringe ihn dann mit der Überzeugung oder dem Verhalten, das diesen Schmerz hervorbringt, in Verbindung. Tu alles, was du kannst, um den Schmerz zu sehen und wahrzunehmen und die Überzeugung oder das Verhalten zu erkennen, das diesen Schmerz verursacht. Liste dann alle Vergnügen auf, die durch einen Wandel in Wahrheit erlangt werden könnten.

Ich habe Menschen gesehen, die nach nur einer Sitzung von allen lebensbeherrschenden Problemen befreit vom Beratungstisch aufstanden, in dem sie dieses einfache Rezept anwandten. Sobald du die Quelle deiner Schmerzen so siehst, wie sie wirklich ist, und ebenso die Quelle aller möglichen Freude, die der gelebten Wahrheit entspringt, dann wirst du in deinem Herzen eine absolute Entscheidung fällen. Wenn diese Entscheidung getroffen ist, wird die Gnade (Fähigkeit) Gottes aus deinem Herzen frei fließen und dich dazu befähigen, das zu verwirklichen, wofür du dich entschieden hast.

Du bist vielleicht nur 10 Minuten davon entfernt, deinem Leben eine Wendung zu geben. Hör mit dem auf, was du gerade tust, leg dieses Buch weg und schreib deine Liste! Die Änderung, die du so sehr begehrst, ist näher als du denkst. Du musst deine vorhergegangenen Bemühungen, deine Misserfolge oder deine Fähigkeit nicht in Betracht ziehen. Diese Veränderung gleicht der größten Veränderung, die jemals in dein Leben kam, und wird durch das Glauben der Wahrheit und durch das Erfahren der Kraft Gottes stattfinden.

Kapitel 19

Vollendete Gnade

- Ohne Rücksicht darauf, wie oft man Gnade als Gottes Fähigkeit definiert,
- ungeachtet dessen, wie oft wir auf Gnade als die Fähigkeit hinweisen, aus der Sünde herauszukommen,
- ungeachtet der Tatsache, dass die Bibel sagt, dass das Gesetz die Kraft der Sünde ist: *»Der Stachel des Todes ist die Sünde, die Kraft der Sünde ist das Gesetz«* (1Kor 15,56),
- obwohl die Bibel sagt, dass der alleinige Grund, warum wir von der Herrschaft der Sünde befreit sind, das Freisein vom Gesetz und das Leben in Gnade ist: *»Die Sünde soll nicht über euch herrschen; denn ihr steht nicht unter dem Gesetz, sondern unter der Gnade«* (Röm 6,14),

gibt es noch immer jene, die fortfahren zu sagen, das Gesetz aufzuheben bedeute zum Sündigen zu ermutigen.

Ein gläubiger Mensch sündigt, weil er es will

Wie zur Zeit des Paulus gibt es auch heute jene Menschen, die sagen, Gnade zu predigen bedeute zu verkündigen, es sei in Ordnung zu sündigen. Ich persönlich habe noch nie jemanden Gnade in dieser Weise predigen gehört, dass damit gesagt wurde, es sei in Ordnung zu sündigen; doch wie Paulus, wurden auch wir dessen beschuldigt.

Der fleischliche Verstand kann sich nicht vorstellen, vom Gesetz befreit zu sein und nicht zu sündigen. Der fleischliche Verstand kann die Kraft der Glaubensgerechtigkeit nicht begreifen. Wie mir zum Beispiel ein Prediger der Pfingstkirche vertraulich mitteilte: »Du kannst dir nicht vorstellen, was ich tun würde, wenn ich vom Gesetz befreit wäre!« Es gab schon viele Fälle, in denen Menschen von der Befreiung vom Gesetz gehört haben, nur um dann ein zügelloses, zerstörerisches Leben zu führen. Doch niemand sagte jemals diesen Menschen, dass es für sie richtig wäre, zu sündigen. Niemand ermutigte sie jemals zu sündigen.

Personen, die sündigen, tun dies, weil sie es schon immer wollten. Sie glaubten immer schon, dass ihnen die Sünde Vergnügen bringen würde. Vielleicht zum ersten Mal erkennt nun die Person, die solche Menschen in der Seelsorge hat, weshalb diese unbeständig und deprimiert waren. Nicht die Wahrheit hat sie zu Fall gebracht; sie offenbarte nur, was in ihrem Herzen war. Wenn wir uns aber mit unseren Glaubensgrundsätzen sofort auseinandersetzen, ehe sie Verhaltensweisen sind, werden wir eine dauerhafte Veränderung von innen heraus zustandebringen.

Es ist in Ordnung, sich mit dem Verhalten aus einer richtigen Perspektive heraus auseinanderzusetzen. Die Bibel nennt dies Säen und Ernten. Säen und Ernten beeinflussen uns auf der horizontalen Ebene. Es heißt nicht, dass wir etwas aussäen und Gott bewirkt, dass wir ernten. Unsere Handlungen bewirken, dass wir in diesem Bereich ernten.

Menschen sollten die Auswirkungen, die Sünde auf ihr Leben hat, kennen. Sie sollten die Zerstörung in ihrem Leben kennen und verstehen und sie mit der Sünde, an die sie glauben oder die sie begehen, in Zusammenhang bringen. Sie sollten niemals dazu verführt werden zu denken, dass Gott den Schmerz bringe. Als ein Prediger der Gnade muss ich auf die zerstörerischen Folgen der Sünde deutlich hinweisen.

Gnade bringt die Kraft zur Veränderung

Wenn Menschen zum ersten Mal die Botschaft der Gnade hören, werfen sie das Gesetz einfach weg. Durch das Freisein von Leistungsdruck ist in der Regel anfänglich eine große Freiheit erkennbar. Doch beim Freisein vom Gesetz stehenzubleiben, wird nicht die Erfüllung und die Freude bringen, die wir suchen.

Nur einfach vom Gesetz befreit zu sein ist nicht besser, als unter dem Gesetz zu leben. Es wird dich nicht verändern. Es wird dich wohl von der Angst vor Strafe befreien, was von großem Wert ist, doch es wird dir nicht die Kraft zur Veränderung bringen. Aus diesem Grund bleiben wir mit unserer vorherigen Frustration zurück.

Die Gnade nötigt uns, in aller Frömmigkeit zu leben.

Als wir errettet wurden, empfingen wir eine neue Natur. Diese Natur hat dieselben Wünsche, wie der Heilige Geist selbst. Diese Natur begehrt, sehnt sich nach und fleht um Erfüllung. Wir wurden vorherbestimmt, dem Bilde Jesu gleichgestaltet zu sein. Es gibt in uns ein heftiges Verlangen nach Veränderung. Wir können damit nicht zufrieden sein so zu bleiben, wie wir sind.

Gerechtigkeit gab uns unsere Identität, unsere neue Natur, unser Verständnis von Gott und unsere neuen Wünsche. Doch Gnade gibt uns die Kraft gottgefällig zu leben und auf diese Weise alle jene neuen Wünsche zu erfüllen. Titus 2,11–12 (ELB) sagt: »*Denn die Gnade Gottes ist erschienen, heilbringend allen Menschen und unterweist uns, damit wir die Gottlosigkeit und die weltlichen Lüste verleugnen und besonnen und gerecht und gottesfürchtig leben in dem jetzigen Zeitlauf.*«

Gnade lehrt uns, Gottlosigkeit zu verleugnen und in Gerechtigkeit zu leben. Gnade wird keine nachlässige Haltung gegenüber Sünde oder Gottlosigkeit bewirken. Gnade nötigt uns, in aller Frömmigkeit zu leben.

Trachte nach der Gnade

Ich hatte kürzlich eine Diskussion mit einem Pastor, der die Botschaft der Gnade glaubte, doch mit einigen Haltungen zu kämpfen hatte. Er ließ jemanden in die Kirche kommen, der die Gnadenbotschaft predigte. Der Prediger sagte niemals ausdrücklich etwas, was nicht wahr gewesen wäre; doch durch die Überbetonung der Freiheit und die Untertreibung der Verantwortung konnten die Leute die Botschaft leicht missverstehen.

Da war ein Mann in seiner Kirche, dessen Leben jahrelang Höhen und Tiefen hatte. Nachdem er die Botschaft der Gnade gehört hatte, entwickelte er eine bestimmte Haltung. Er wurde beinahe arrogant, wenn er über seine Unabhängigkeit vom Gesetz sprach. Der Lebensweg dieses Mannes in der Vergangenheit, zusammen mit seiner sehr angriffslustigen Einstellung brachte viele Menschen dazu, sich von der Gnadenbotschaft abzuwenden.

Als wir darüber sprachen, fragte ich: »Machte der Mann Probleme, bevor er diese Botschaft gehört hatte?« »Ja!« Also verursachte nicht diese Botschaft das Problem; sie gab ihm nur einen neuen Anlass, seine Einstellung zu offenbaren. Es wird immer

Menschen geben, die jede Botschaft, die sie hören, missbrauchen. Doch wir können die Wahrheit der Bibel nicht deshalb verwerfen oder Angst vor ihr haben, nur weil eine kleine Zahl von Leuten sie falsch auslegt.

Wir dürfen nicht versuchen Menschen unter dem Gesetz zu halten aus Angst davor, was sie tun könnten. Wenn das Gesetz sie ändern könnte, würden sie verändert sein. Schau dich um. Es waren gerade jene Prediger, die das Gesetz am überzeugendsten gepredigt haben, die gefallen sind. Für sie hat es nicht funktioniert und es wird auch für dich nicht funktionieren. Wir sollten aufhören Gesetz zu predigen, doch wir sollten verantwortungsvoll Gnade predigen.

Wenn eine Person an Glaubensgerechtigkeit glaubt, wird Gnade hervorkommen und sie wird sich verändern. Sie wird sich vielleicht nicht deinem Zeitplan gemäß ändern, doch sie wird sich ändern. Sie wird sich nicht so verändern, wie du sie haben möchtest. Sie wird sich so verändern, wie Gott sie haben will.

Glaube an die Glaubensgerechtigkeit
macht die Gnade wirksam.

Erinnere dich: Es ist nicht der Glaube an die Lehre von der Gnade, was Gnade wirkungsvoll macht. Es ist Glauben an die Glaubensgerechtigkeit, was Gnade zur Wirkung bringt. Jemand muss glauben, dass er durch den Herrn Jesus gerecht ist, damit Gnade ihn befähigen kann.

Eine Person kann nicht glauben, dass sie gerecht ist, und gleichzeitig nach einem sündhaften Leben trachten. Das bedeutet nicht, dass sie niemals fallen wird. Es bedeutet, dass sie immer Gerechtigkeit begehren, und dass sie immer glauben wird, dass sie gerecht leben kann. Sie wird niemals aus Angst von Gott weglaufen, sondern wird im Vertrauen zu Gott laufen.

Indem Gerechtigkeit in unserem Herzen fest gegründet ist, verliert Sünde all ihre Kraft. Wir werden uns über die Angst vor Sünde erheben. Wir werden uns über unser Verlangen nach Sünde erheben. Sehr wenig von deiner Zeit und Anstrengung wird sich darum drehen, Sieg zu erreichen. Dein Leben wird beginnen sich um die Person zu drehen, die uns den Sieg geschenkt hat. Wir werden uns in unseren Retter und Herrn verlieben. Wir werden unser Leben aus der Beziehung mit Gott heraus leben.

Kapitel 20

MÜHELOSE VERÄNDERUNG

Jede andauernde Veränderung ist mühelos. Wenn eine Veränderung durch unsere Anstrengung herbeigeführt wird, wird sie nur solange andauern, wie wir weiterhin Mühe aufwenden. In dem Augenblick, in dem wir aufhören uns zu bemühen, wird die Veränderung, die wir erreicht haben, zum Stillstand kommen. Wenn wir müde, zornig, entmutigt werden oder irgendwelche negativen Gefühle empfinden, könnte es sein, dass wir aufhören uns anzustrengen. Dann sind wir wieder genau dort, wo wir anfingen.

Dauerhafte Veränderung kommt durch den Glauben. Doch die Kirche glaubt nicht wirklich, dass Glauben funktioniert. Wir setzen unser Vertrauen auf das Tun. Jesus sagte, dass wir die Werke Gottes tun würden, wenn wir glaubten. *»Da fragten sie ihn: Was müssen wir tun, um die Werke Gottes zu vollbringen? Jesus antwortete ihnen: Das ist das Werk Gottes, dass ihr an den glaubt, den er gesandt hat«* (Joh 6,28–29). Er hat das Werk vollbracht. Unsere Aufgabe ist es zu glauben und dadurch die Wohltaten dieses vollbrachten Werkes (seines Tuns) zu empfangen.

Erinnere dich jedoch daran: Während die Veränderung selbst mühelos ist, ist die Veränderung deiner Anschauungen nicht mühelos. Du musst Zeit mit dem Wort Gottes und in Gemeinschaft mit Gott verbringen, um eine Veränderung in deinem Glauben zu bewirken. Es mag für dich erforderlich sein, die Kirche zu wechseln, um den Input zu ändern, den du gerade empfängst. Es wird ein Bemühen notwendig sein, um in diese Ruhe einzutreten, doch nicht dieses Bemühen wird dich ändern. Vielmehr wird die Wahrheit, die du glaubst, die nötigen Veränderungen hervorbringen.

In 1. Johannes 3,2 (ELB) heißt es: *»Geliebte, jetzt sind wir Kinder Gottes, und es ist noch nicht offenbar geworden, was wir sein werden; wir wissen, dass wir wenn es offenbar werden wird, ihm gleich sein werden, denn wir werden ihn sehen, wie er ist.«* Johannes schrieb einer Gruppe von Leuten, die unter anderem beeinflusst wurden zu glauben, dass man nicht wirklich errettet ist, wenn man nicht fehlerfrei sei.

Er beginnt diesen Vers, indem er sagt, dass wir JETZT Kinder Gottes (»Söhne« in der KJV) sind. Wir **werden** nicht erst Söhne. Ein Sohn zu sein bedeutete in biblischer Zeit, dass man ein Erbe war. Wenn du ein Erbe bist, hast du alle Privilegien. Wir sind Söhne Gottes durch den Glauben an das vollbrachte Werk Jesu, und durch dieses Werk haben wir Anteil am Ewigen Leben. Paulus drückt dies in Galater 4,7 (ELB) klar aus: *»Also bist du nicht mehr Sklave, sondern Sohn; wenn aber Sohn, so auch Erbe durch Gott.«*

Johannes fährt fort, indem er sagt: *»… und es ist noch nicht offenbar geworden, was wir sein werden; …«* (1Joh 3,2 ELB). Das Wort »offenbar werden« bedeutet dasselbe wie »erkennen lassen« oder »sichtbar werden«. Er sagt also: Obwohl wir genau in diesem Augenblick Söhne Gottes sind, kann es sein, dass es jetzt noch nicht sichtbar ist. Wie du siehst, hatten sie dieselben Probleme wie wir. Sie wurden errettet, ihr Geist war vollkommen gemacht worden, doch nach außen hin dürften sie nicht fehlerfrei gelebt haben. Nach außen hin noch nicht sichtbar geworden zu sein, bedeutet nicht, dass es auch innerlich nicht Wirklichkeit ist. Gnostiker haben versucht, sie vom Erbe auszuschließen, weil sie noch nicht zur vollendeten Frucht von Vollkommenheit geworden waren.

Johannes fährt fort: *»Wir wissen, dass wir, wenn es offenbar werden wird, ihm gleich sein werden, ...«* Dies ist eine Schriftstelle, die gewöhnlich auf das zweite Kommen des Herrn bezogen wird und ohne Zweifel ihre höchste Verwirklichung in seiner Wiederkunft hat. Doch das Wort »offenbar werden« ist hier das gleiche wie im ersten Teil des Verses. Es bedeutet »enthüllen« oder »sichtbar werden«.

So würde es zulässig sein es so zu übersetzen: »Wenn Jesus geoffenbart oder sichtbar ist, werden wir wie er sein.« Wir müssen nicht bis zu seiner Wiederkunft warten, um eine Offenbarung von ihm zu haben. Wir können diese bereits jetzt durch Studieren der Schrift bekommen.

Diese Passage fährt fort zu sagen, dass die Veränderung dadurch geschieht, dass wir »ihn so sehen, wie er ist«. Wenn ich also Jesus jetzt so sehen kann, wie er ist, kann ich mich jetzt verändern, und es wird eine mühelose Veränderung sein. Es wird eine Veränderung sein, die durch eine Veränderung meiner Glaubenssicht geschieht. Diese Veränderung in meiner Glaubenssicht geschieht, weil ich Jesus so sehe, wie er ist. Wie wirkungsvoll! Wie wunderbar! Wie einfach!

Wie siehst du Gott?

Du siehst, eines der größten Hindernisse für positive Veränderung ist die Art und Weise, wie wir Gott, und die Weise, wie wir Jesus sehen. Du kannst es versuchen, soviel du willst – wenn du eine negative Sicht von Gott hast, kannst du kein positiver Christ werden. Wenn du Gott als zornig siehst, wirst du selbst zornig sein. Wenn du Gott als rachsüchtig siehst, wirst du voller Rache sein. Wenn du Gott als fehlersuchend siehst, wirst du selbst auf Fehlersuche sein. Du wirst ständig in das Bild verwandelt, das du von dem Gott hast, an den du glaubst. Diese Veränderung passiert ohne Bemühung deinerseits. Sie passiert durch die Kraft des Glaubens.

Sehr früh in meinem Christenleben sprach der Herr zu meinem Herzen über das Lesen des Evangeliums. Ich wusste, dass ich die Verbindung mit dem, wer Jesus wirklich war und wie er wirklich war, verlieren würde, es sei denn, ich lese das Evangelium regelmäßig. Es könnte sehr leicht passieren, von den theologischen Themen der Episteln völlig in Anspruch genommen zu sein und die Verbindung mit Jesus zu verlieren. Wir müssen uns daran erinnern, dass wir in eine Beziehung mit einer Person gerufen sind und nicht mit einer Lehre. Ich muss diese Person kennen, um eine Beziehung mit ihr zu haben.

Jesus zu sehen, wie er ist, verändert uns.

Wenn ich jemals einer Doktrin aus den Episteln begegne, die im Widerspruch zu dem Leben steht, das Jesus lebte, kann sie nicht wahr sein. Ein großer Teil der anerkannten Kirchendoktrin verleugnet nicht nur das vollbrachte Werk Jesu am Kreuz, sie ist mit dem Leben und dem Dienst Jesu vollkommen unvereinbar.

Jesus kam und offenbarte uns Gott. Die Juden hatten den Kontakt mit Gott verloren. Durch die Erweiterung ihres theologischen Systems hatten sie total verdreht, wer Gott wirklich ist. Sie hatten Gott auf eine Sammlung von Regeln und Vorschriften reduziert. Sie sahen ihn nicht als einen Gott der Liebe, der alles getan hat, um den Menschen wiederherzustellen. Sie sahen ihn als zornig, gemein, fehlersuchend, gesetzlich und sogar grausam an. Jesus stellte etwas vollkommen anderes dar.

Hebräer 1,3 sagt in der *New International Version* von Jesus: *»Der Sohn ist der Abglanz von Gottes Herrlichkeit und die genaue Darstellung seines Wesens …«* Jesus war die genaue Darstellung Gottes, als er hier auf Erden war. Wenn du das Leben Jesu betrachtest, die Art, wie er die Menschen behandelte, wirst du nichts als Liebe, Güte und Barmherzigkeit sehen. Die einzigen harten Worte, die Jesus für irgendjemanden hatte, waren an die religiösen Führer gerichtet, die die Menschen von Gott abwendeten.

Wenn ich wie er werden soll, ist es wichtig, dass ich ihn so sehe, wie er ist. Ich kann dies dadurch erreichen, dass ich betrachte, auf welche Art und Weise er mit Menschen in Beziehung trat. Er begegnete stets den Nöten, er heilte stets die Kranken. Er schenkte immer Barmherzigkeit. Er war die Liebe in Person. Sein Leben zeigt mir die Natur und den Charakter des Vaters.

Damit du die Dynamik der persönlichen Veränderung verstehst, musst du prüfen, was du von Gott glaubst. Du wirst dich selbst nie über das hinauserheben, was du von Gott glaubst. Lass uns einige Schriftstellen genauer ansehen, anhand derer du deine Vorstellungen von Gott ehrlich prüfen kannst. Du magst vielleicht einige Vorstellungen haben, derer du dir nicht bewusst bist.

Wir werden so wie der Gott ist, an den wir glauben

Klären wir als erstes einige grundlegende Dinge. Glaubst du, dass du göttlich oder gottgleich sein solltest? Mit anderen Worten: Solltest du wie Gott leben? Solltest du das Wesen und den Charakter Gottes zeigen? Die Antwort ist offensichtlich: JA! Wir sind dazu berufen, wie Jesus zu sein. Er ist die genaue Darstellung des Vaters, ebenso sollten wir in unserem Lebensstil Gott gleich sein.

Aus diesem Grund ist es zulässig zu sagen, dass alles, was immer Gott von mir verlangen würde, etwas ist, was auch er tun würde. Er würde von mir nicht einen Standard fordern und selbst einen anderen haben. Weil er Gott ist, würde er mich nicht dazu auffordern, auf einem höheren Standard von Gerechtigkeit zu leben, als er lebt. Mit anderen Worten: Ich bin nicht gerechter als Gott.

In Matthäus 5,43 sagt Jesus: *»Ihr habt gehört, dass gesagt worden ist: Du sollst deinen Nächsten lieben und deinen Feind hassen.«* Er beginnt hier mit der Betonung, dass es nicht geschrieben sei. Gott sagte dies niemals. Es ist nur gesagt worden, dass er dies sagte. In Matthäus 5,44 (KJV) fährt er fort, indem er spricht: *»Ich aber sage dir: Liebe deine Feinde, segne die, die dich verfluchen, tu Gutes denen, die dich hassen und bete für die, die dich verächtlich behandeln und verfolgen.«* Wir alle glauben, dass dies die Art sei, wie wir leben sollten. Doch wenn du wirklich glaubst, dass dies die Art sei, wie du leben solltest, mag das einige Widersprüche in deinem Glaubenssystem aufdecken.

Wie denkst du, dass Gott sich in Bezug auf seine Feinde fühlt? Möglicherweise stellst du dir vor, dass er ihnen gegenüber voller Zorn sei. Wenn er von dir verlangt, deine Feinde zu lieben und er seine Feinde hasst, dann wäre dies ein Bereich, in dem du nicht wie Gott bist. Dies würde ein Bereich sein, in dem du sogar gerechter als Gott bist. Doch du weißt, dass das nicht stimmen kann. Kein Mensch ist gerechter als Gott. Wenn wir jedoch glauben, dass wir unsere Feinde lieben sollten, es aber für Gott in Ordnung ist, seine Feinde zu hassen, dann haben wir ein Problem in unserem Glaubenssystem.

Als Nächstes sagte er: *»Segnet die, die euch verfluchen.«* Was glaubst du wirklich, dass Gott einer Person antun würde, die ihn verflucht? Du würdest sicher von Gott erwarten, dass er sie töte oder zumindest bestrafe. Du jedoch bist aufgefordert, sie zu segnen. Das Wort »segnen« bedeutet, zugunsten von jemandem zu sprechen bzw. gütig zu sein.

Dann sagt er: *»Tu denen Gutes, die dich hassen.«* Nun meinen wir zu WISSEN, dass Gott niemandem etwas Gutes tun würde, der ihn hasst, oder etwa nicht? Warum sollte er dich dazu auffordern, gerechter zu sein als er? Wenn er zu dir sagt, denen Gutes zu tun, die dich hassen, dann ist es deshalb, weil gerade das es ist, was er jenen tut, die ihn hassen. In Matthäus 5,45 der *Living Bible* heißt es ferner: *»... auf diese Weise werdet ihr als wahre Söhne eures Vaters im Himmel handeln ...«* Nur dann handeln wir wie Gott, wenn wir diese Dinge tun, weil auch Gott so dem Menschen begegnet. Der letzte Teil von Vers 45 in Matthäus 5 (KJV) sagt: *»Denn er lässt seine Sonne aufgehen über Böse und Gute, und sendet Regen auf Gerechte und Ungerechte.«* Gott versagt den Saaten der Ungerechten weder den Sonnenschein noch hält er von ihnen den Regen ab.

Wir haben irrtümlich gedacht, dass der Zorn die Menschen zur Bekehrung und zur Rückkehr zu Gott bewegen würde. Ein kurzer Blick in das Buch der Offenbarung zeigt, dass Zorn die Menschen dazu bringt, Gott zu verfluchen und Bekehrung zu verweigern (Offb 16,9). Was veranlasst Menschen sich zu bekehren? Römer 2,4 identifiziert die Güte Gottes als sein Werkzeug, um die Menschen zur Umkehr zu bewegen: *»Verachtest du etwa den Reichtum seiner Güte, Geduld und Langmut? Weißt du nicht, dass Gottes Güte dich zur Umkehr treibt?«*

Wenn du der Überzeugung bist, dass Ablehnung die Menschen zur Umkehr bewegt, wenn du denkst, dass dies das Werkzeug ist, das Gott verwendet, wenn du wirklich glaubst, dass Gott so den Menschen antwortet, dann wirst du Menschen ablehnen, die Probleme haben. Weshalb? Du wirst wie der Gott, an den du glaubst.

Wenn du irgendeinen sehen würdest, der Gott verflucht, würdest du dich wahrscheinlich dazu verpflichtet fühlen, ihm Zorn und Verachtung zu zeigen. Warum? Du nimmst an, dies sei die Art, wie Gott reagiert. Doch gemäß diesen Schriftstellen antwortet Gott nicht auf diese Weise.

Du wirst wie der Gott, an den du glaubst.

Du siehst, wir haben eine Sicht von Gott, die völlig der Schrift widerspricht. Doch weil dies unsere Sichtweise ist, werden wir diesem Bild gemäß verwandelt. Wenn ein Mensch Annahme begehrt, wird er sich dem Bild von demjenigen anpassen, von dem er Annahme wünscht. Jugendliche tun dies jeden Tag. Sie lassen sich ihre Haare lang wachsen, sich tätowieren, tragen eine bestimmte Art von Kleidung, um wie jene zu werden, von denen sie Annahme begehren. Ebenso werden wir gleich dem Bild von dem Gott, von dem wir Akzeptanz begehren.

Das Gesetz forderte: »Du sollst dir kein Bild von Gott machen.« Heutzutage gehen wir nicht in den Wald, fällen einen Baum und formen ihn zu einem Gott, den wir anbeten. Doch wir haben heute genauso üppigen Götzendienst, wie es ihn früher gab. Das Idol, das wir erheben, ist die eingebildete Vorstellung, die wir von Gott haben.

Wir haben ein Konzept von Gott, das sich von der Offenbarung, die uns Jesus gezeigt hat, unterscheidet. Wir versuchen, auf der Verständnisebene vom alten Bund mit Gott in Beziehung zu treten und ihn zu sehen. Wir haben ein Bild von Gott, das uns von einigen Predigern oder Verwandten vermittelt wurde. Dieses wird in unserem Denken zu einem Idol, das uns von einer Gemeinschaft mit dem wahren und lebendigen Gott absondert. Es bestimmt, wie wir uns entwickeln werden.

Wenn du an einen Gott glaubst, der wirklich liebt, wirst du wirklich lieben.

Um Gott zu sehen, musst du auf ihn durch das Leben Jesu schauen. Lies das Evangelium und schau dir das Leben und Wirken Jesu an. Versuch nicht, ihn nur durch seine Lehren kennen zu lernen. Lerne ihn durch sein Leben und ebenso durch seinen Dienst kennen.

Wenn du an einen Gott glaubst, der immer geduldig und langmütig ist, wirst du bemerken, dass du selber geduldig und langmütig wirst. Wenn du an einen Gott glaubst, der dich nur als heilig und gereinigt sieht, wirst du die Menschen als heilig und gereinigt ansehen. Wenn du an einen Gott glaubst, der wirklich liebt, wirst du wirklich lieben.

Kapitel 21

Die Wahrheit über Gott

Wie du sehen kannst, ist die Wahrheit über Gott vor der Kirche verborgen gewesen.

Es ist nicht so sehr der Teufel, der uns tötet, vielmehr ist es unser Glaubenssystem. Wenn wir die Wahrheit glauben würden, könnte der Teufel niemals Einfluss auf unser Leben nehmen. Den Teufel anzuschreien wird deine Probleme nicht verändern. Die Wahrheit zu glauben wird deine Probleme ändern.

Wir müssen fähig sein, die Schriftstellen zu lesen, ohne sie zu verdrehen. Wir müssen fähig sein, unsere Bibel zu nehmen und Gott, anstatt einen Menschen zu hören. Wie die Juden machen wir das Wort durch unsere Überlieferungen kraftlos. In Markus 7,8–9.13 tadelt Jesus die Juden, weil sie mehr auf Menschen als auf Gott hörten. *»Ihr gebt Gottes Gebot preis und haltet euch an die Überlieferung der Menschen … Und weiter sagte Jesus: Sehr geschickt setzt ihr Gottes Gebot außer Kraft und haltet euch an eure eigenen Überlieferungen. So setzt ihr durch eure eigene Überlieferung Gottes Wort außer Kraft. Und ähnlich handelt ihr in vielen Fällen.«*

Wir sind mehr von Überlieferung als von Wahrheit erfüllt. Wir werden mehr von Menschen beeinflusst als von Gott. Wir akzeptieren, was auch immer der Prediger, gestützt auf seine Überzeugungskraft, sagt. Viele Menschen, die Apollos' Predigten hörten, zogen seine Botschaft der von Paulus vor. Das Problem war jedoch, dass Apollos noch nicht einmal errettet war, als er zum ersten Mal predigte. Er war einfach nur ein besserer Prediger.

Tradition oder Wahrheit?

Als ich mein Leben dem Herrn gab, ging ich zwei Verpflichtungen ein: Als Erstes versprach ich, dass ich niemals »Kirche spielen« würde. Zweitens verpflichtete ich mich dazu, nur das über Gott zu glauben, was ich selbst aus der Bibel herausfinden konnte. Oftmals in meinem Leben musste ich Buße tun, zu dieser Verpflichtung zurückkehren und mich selbst von dieser Tradition, die ich mit der Zeit aufgenommen hatte, reinigen.

Die Heilung der Funktionsstörung meiner Niere ereignete sich erst, nachdem ich meine Glaubensüberzeugungen gemäß der Wahrheit ausgerichtet hatte. Während ich eines Tages betete, sprach der Herr zu meinem Herzen und sagte: »Du siehst mich nicht so, wie ich bin.« Ich war sehr verletzt. Ich sagte: »Herr, ich habe mich geweigert, mich auf Tradition einzulassen. Ich war bereit, anders zu sein. Ich habe Vorwürfe deswegen erduldet, weil ich mich nicht anpassen wollte.« Er antwortete einfach: »Du siehst mich nicht so, wie ich bin.« Beim dritten Mal fügte er einen Satz hinzu: »Im Bereich der Heilung siehst du mich nicht so, wie ich bin. Du siehst mich so, wie man dich beeinflusst hat zu glauben, dass ich sei.«

Bin ich voll von Tradition oder von Wahrheit?

Es war schockierend, all die falschen Ansichten zu erkennen, die ich von Heilung hatte. Ich hatte das Wort der Menschen angenommen. Was es so schlimm machte, war, dass alle diese Menschen selber nicht geheilt werden konnten. Weil sie alles auf vernünftige und folgerichtige Weise darstellten, wurde ich beeinflusst, es so zu sehen, wie sie es sahen. Ungeachtet dessen, wie sehr es meinem fleischlichen Verstand zusagte, es war nicht wahr und es wirkte nicht.

Ich blicke heute auf die Zeiten meines früheren Wandels mit Gott zurück, wo ich oft hart und gemein wurde. Es schien wirklich so, dass ich umso gemeiner wurde, je näher ich Gott kam. Ich stellte fest, dass ich kritisch und fehlersuchend war. Ich war Menschen und ihren Problemen gegenüber unduldsam. Ich hatte kein Erbarmen mit Menschen. Ich hatte nur eine Sammlung von Richtlinien, nach denen sie leben sollten. Indem ich zurückschaue, erkenne ich nun, dass ich genauso geworden war wie der Gott, an den ich glaubte. Ich kam Gott nicht näher. Ich kam meinem falschen Bild von Gott näher.

Wie konnte ich die Bibel lesen und so verwirrt werden? Wie konnte ich auf das Leben Jesu schauen und mit einer Doktrin enden, die mich dazu brachte, so entgegengesetzt zu all dem zu handeln, was Jesus jemals tat. Ganz einfach. Ich fand in der Bibel genau das, was ich suchte.

Wie setzt du deine Segel?

Ich hörte eine Geschichte über einen kleinen Buben, der am Meeresufer stand. Er war erstaunt, dass während der Wind in eine Richtung blies, die Schiffe sich in verschiedene Richtungen bewegten. Er schaute zu dem alten Mann auf, der an seiner Seite stand und fragte, wie dies möglich sei. Der alte Mann antwortete: »Durch das Setzen der Segel.« Es ist ganz gleich, in welche Richtung der Wind bläst. Es ist die Art und Weise, wie du die Segel setzt, die bestimmt, wohin dein Boot fährt.

Genauso wird dein Bild von Gott bestimmen, wonach du in der Schrift suchen wirst.

Es bestimmt, wie du die Segel setzt. Ohne Rücksicht darauf, was das Wort sagt, hast du dadurch vorherbestimmt, wie du das, was du liest, auslegen wirst.

Behalte im Gedächtnis, dass Jesus dieselben Schriftstellen las, welche die Juden lasen. Doch er fand einen anderen Gott. Sie fanden Strafe, er fand Barmherzigkeit. Sie sahen Krankheit als Strafe Gottes an; Jesus sah sie als Überwältigung durch den Teufel an (Apg 10,38). Sie dachten, dass der Mensch dem Gesetz dienen sollte. Jesus lehrte, dass das Gesetz dem Menschen dienen sollte.

Die besten Regeln für die Auslegung der Schrift gab uns Jesus, als die Pharisäer in Matthäus 22 zu ihm kamen. Während sie in ihren Fragen nicht aufrichtig waren, war er in seinen Antworten sehr offen. Sie fragten ihn, welches Gebot das wichtigste sei. Jesus beantwortete nicht nur diese Frage, sondern gab ihnen das nächstgrößte Gebot. Gegründet auf diese zwei Gebote machte er diese erstaunliche Aussage: »An diesen beiden Geboten hängt das ganze Gesetz samt den Propheten.«

Im Wesentlichen sagte Jesus, dass allen Geboten Genüge getan wäre, wenn diese zwei erfüllt seien. Er sagte noch etwas mehr. Alle Gebote müssen im Licht dieser zwei Gebote ausgelegt werden. Was waren diese zwei Gebote, die unsere Richtlinie für jede Interpretation darstellen?

»Er antwortete ihm: Du sollst den Herrn, deinen Gott lieben mit ganzem Herzen, mit ganzer Seele und mit all deinen Gedanken. Das ist das wichtigste und erste Gebot. Ebenso wichtig ist das zweite: Du sollst deinen Nächsten lieben wie dich selbst« (Mt 22,37–39).

Alles, was ich glaube, muss im Licht dieser beiden Gebote ausgelegt werden. Mit anderen Worten, wenn das, was ich glaube, nicht bewirkt, dass ich Gott und die Menschen mehr liebe, dann ist es nicht wahr. Desgleichen würde ich jede Erwartung Gottes, die er jemals von mir hatte, erfüllen, wenn ich nur diese zwei Dinge täte.

Schau dein Glaubenssystem an. Bringt dich all das, was du glaubst, dazu, Gott und die Menschen mehr zu lieben? Wenn dich das, was du glaubst, dazu bringt, vor Gott Angst zu haben, dann ist es nicht wahr. Wenn das, was du glaubst, dich anderen gegenüber zu einem kritischen und fehlersuchenden Menschen werden lässt, ist es nicht wahr. Wenn ich irgendeine Schriftstelle auf eine Weise auslege, die dieses Prinzip verletzt, dann kann ich Gott nie so sehen, wie Jesus ihn sah.

So wie ich es viele Male tat, mag es auch für dich notwendig sein, deine Überzeugungen nochmals zu sichten und dich zu fragen: »Bringt mich das, was ich glaube, dazu, Gott und die Menschen mehr zu lieben?« Wenn nicht, dann musst du das ändern, was du glaubst. Wenn du eine Schriftstelle im Licht dieser Interpretationsmethode nicht verstehst, so sei deshalb nicht beunruhigt. Zur rechten Zeit wird dir Gott Verständnis geben.

Setze dein Segel, um deine Richtung festzulegen.

Durch das Lesen dieses Buches hast du nun alles, was du für eine Veränderung brauchst. Geh mit diesen Dingen zu Gott! Wende sie in deinem Leben an! Unterzieh sie einer Prüfung! Akzeptiere sie nicht nur, weil ich sie sagte. Lies die Schrift! Sieh, ob es wirkt!

Ein Gedanke zum Abschluss

Es ist wichtig, dass du jeden Bereich deines Lebens im Evangelium der Gnade und des Friedens gründest. Manchmal erfordert die Anwendung dieser Wahrheit Zeit, um sie durchzuarbeiten, besonders für jene, die anderen helfen wollen.

Ob du zum vollzeitlichen Dienst berufen bist, dich bereits in einem Dienst betätigst oder einfach ein ernsthafter Gläubiger bist – ich möchte dir eine Einladung aussprechen, dein Herz in dieser Botschaft zu festigen. *Impact International School of Ministry* ist eine der wenigen Schulen, die ich auf der ganzen Welt kenne, die ihren gesamten Studienplan aus der Sicht von Glaubensgerechtigkeit, der Gnade und des Friedens erstellt. Wenn du einen akademischen Grad anstrebst oder auch nur dein Verständnis erweitern willst, haben wir ein Bibelprogramm für dich. Ruf uns an oder schreibe uns noch heute zwecks Information über unser Korrespondenzprogramm oder über unser Programm für Ortsansässige. Erneuere dein Denken und erlaube Gott, dich zu verwandeln.

BIBLIOGRAFIE

Adams, Jay E., *Competent to Counsel.* Grand Rapids: Baker, 1976.

Bromiley, George W., ed., *Theological Dictionary of the New Testament.* Michigan: William B. Eerdmans, 1985.

Cremer, Hermann, *Biblio-Theological Lexicon of New Testament Greek.* Edinburgh: T&T Clark Ltd., 1895.

Lenski, R. C. H., *The Interpretation of St. Paul's Epistle to the Romans.* Minneapolis: Ausburg, 1936.

Phillips, J.B., trans., *The New Testament in Modern English.* New York: Macmillian, 1972.

Strong, James, *Strong's Exhaustive Concordance.* Grand Rapids: Baker, 1972.

Thayer, Joseph H., trans., *A Greek-English Lexicon of the New Testament.* Grand Rapids: Baker, 1977.

Vaughn, Curtis, ed., *The Bible From 26 Translations.* Grand Rapids: Baker, 1988.

ÜBER DEN AUTOR

Vor über 40 Jahren fand James B. Richards Jesus und ließ sich in den vollzeitlichen Dienst rufen. Seine dramatische Bekehrung und seine Leidenschaft, notleidenden Menschen zu helfen, brachten ihn auf die Straßen von Huntsville (Alabama). Dabei erreichte er vor allem Teenager und Drogenabhängige.

Vor seiner Errettung war James professioneller Musiker – mit allem, was zu einem weltlichen Lebensstil gehört. Mehr als alles andere suchte er wahre Freiheit. Er hatte genug von sich selbst und seiner ergebnislosen Jagd nach dem Glück und hasste alles, was aus seinem Leben geworden war. Er wandte sich den Drogen als einem Mittel der Flucht und Erleichterung zu. Obwohl er verzweifelt Gott finden wollte, fürchteten sich die Menschen davor, ihm von Jesus zu erzählen, weil seine Gefühlsausbrüche sehr unberechenbar waren. Er sehnte sich nach Hilfe, aber war danach immer verwirrter und hoffnungsloser als vorher. Er hörte viel von Religion, aber nichts vom lebensverändernden Evangelium.

Durch eine wunderbare Begegnung mit Gott gab James B. Richards sein Leben Jesus Christus hin und wurde von seinen Süchten befreit. Sein ganzes Leben wurde verändert. Nach vielen Jahren im Dienst glaubt Dr. Richards immer noch, dass es niemanden gibt, dem Gott nicht helfen will, und niemanden, den Gott nicht liebt. Er setzt sein Leben dafür ein, Menschen zu helfen, diese Liebe zu erfahren. Sein Leben ist ein großartiges Beispiel dafür, dass Gott niemanden je im Stich lässt.

Dr. Richards – Autor, Lehrer, Theologe, Berater und Unternehmer – ist Präsident und Gründer von *Impact Ministries*, einem vielseitigen christlichen Werk, das sich zum Ziel gesetzt hat, diejenigen zu erreichen, die die Gemeinde bisher nicht erreicht hat. Er schaut beständig danach, was in der heutigen Gesellschaft funktioniert. Jedes Jahr werden durch weltweite Einsätze und Pastorenkonferenzen Tausende von Menschen gerettet, geheilt und befreit.

Nebst dem Doktorat in Theologie, Verhaltenspsychologie und Alternativer Medizin und einer Ehrendoktorwürde in Weltevangelisation ist Dr. Richards auch zertifizierter Entgiftungsexperte und Drogenberater. Seine kompromisslose, aber dennoch positive Betrachtung des Evangeliums stärkt, unterweist und fordert die Menschen auf ihrem Weg zu neuen Ebenen des Sieges, der Kraft und des Dienstes. Dr. Richards' umfassende Erfahrung im Umgang mit Drogenmissbrauch, Co-Abhängigkeit und anderen gesellschaftlichen und emotionalen Themen hat ihm den Weg für effektive, kreative und biblisch basierte Herangehensweisen an den Dienst gebahnt, die den Bedürfnissen der heutigen Welt entsprechen.

Doch mehr als alles andere glaubt Dr. Richards, dass Menschen durch die Erfahrung von Gottes bedingungsloser Liebe heilgemacht werden müssen. Seine Botschaft ist einfach, praxistauglich und voller Kraft. Er ist seine Leidenschaft, die Sicht der Menschen dieser Welt auf Gott zu verändern, damit sie durch Jesus eine Beziehung mit Gott erfahren können.

Er und seine Frau Brenda wohnen im US-amerikanischen Huntsville (Alabama) und haben fünf Töchter und neun Enkelkinder.

Wenn du mehr über Dr. James B. Richards erfahren möchtest, kannst du die folgenden englischsprachigen Internetseiten besuchen: **www.heartphysics.com** oder **www.impactministries.com**.

ÜBER IMPACT MINISTRIES

James B. Richards ist der Vorsitzende von *Impact Ministries*. Diese vielseitige und international vertretene Organisation hat sich verpflichtet, alle Nationen auf relevante und bedeutungsvolle Weise dabei zu unterstützen, Leiter auf die Herausforderungen eines neuen Jahrtausends vorzubereiten und sie zu stärken. Der weltweite Dienst besteht aus den folgenden Organisationen:

1. *Impact of Huntsville*, einer dynamischen, innovativen Gemeinde in Huntsville (Alabama)
2. *Impact International Ministries*, die Missionsgesellschaft der Organisation, die die Nationen dieser Welt erreicht
3. *Impact International Fellowship of Ministers*, einem weltweiten Dienst, der christliche Leiter darin trainiert, ausrüstet und dient, ihre Berufung zu leben und dabei neue Wege der Leiterschaft zu entdecken
4. *Impact International Publications*, die den Menschen dieser Welt durch Bücher, Audio- und Videomaterial und andere Veröffentlichungen dabei helfen, ihre Sicht auf Gott zu verändern
5. *Impact Ministries*, die lebensverändernde Seminare und Einsätze in Nordamerika durchführen
6. *Impact International School of Ministry*, die weltweit eine der einzigartigsten Dienstausbildungen anbietet

Um Informationen über diese und weitere Dienste von Dr. Richards und seinem Team zu erhalten, kontaktiere uns unter:

Impact Ministries®
3516 South Broad Place SW
Huntsville, AL 35805
Telefon: 001-256-536-9402
www.impactministries.com
E-Mail: impactministries@impactministries.com

SETZE DEM SCHMERZ EIN ENDE

Täglich erleben unzählige Menschen seelische Schmerzen. Du fühlst dich gezwungen zu lächeln und so zu tun, als wäre alles in Ordnung. Doch wer sieht deine inneren Tränen? Du wurdest verletzt und es scheint, als könnten deine Wunden einfach nicht heilen. Du versuchst irgendwie über die Runden zu kommen, aber kannst die Vergangenheit nicht hinter dir lassen. Du willst vergeben oder hast es bereits getan, aber du kannst das Erlebte nicht vergessen.

Bei jeder »passenden« Gelegenheit gräbst du den bereits seit langem begrabenen Schmerz wieder aus, was deine Beziehungen zu Menschen und zu Gott, aber auch dein eigenes Leben lähmt. Es macht dich unfähig, deine Träume zu verfolgen und zu verwirklichen.

Dieses Buch löst festgefahrene Denkmuster und befreit dich von negativen Kräften, die dich in der Opferrolle gefangen halten wollen. Du wirst schrittweise durch einen Prozess geführt, der dir hilft, dich von erlebtem Kummer zu befreien und vor künftigem Schmerz zu schützen.

255 Seiten, Paperback, ISBN 978-3-95933-025-1
Auch als E-Book erhältlich.

LEBENSWENDE STATT LEBENSENDE

Manche können mit Schicksalsschlägen besser umgehen als andere. Warum ist das so? Welche positive Kraft treibt sie an? Was stärkt Menschen in schwierigen Situationen?

In allen Lebensbereichen beschäftigte sich Franz Wimberger über viele Jahre hinweg mit diesen Fragen – bis er Veränderung erfuhr. Er erweiterte seine Lebenserfahrung und stärkte seine Widerstandsfähigkeit, um die kleinen und großen Herausforderungen seines Lebens bewältigen zu können. Leben ist Verwandlung und Veränderung. Franz Wimberger hat einen Traum, dass ein Entschlossener mehr bewegen kann als Zehntausend Unentschlossene. Darum will er seine kostbare Lebenserfahrung mit allen Menschen teilen. Er hat den Mut, seine intimsten Seiten offenzulegen. Fesselnd verwebt er in seiner spannenden Lebensgeschichte Perspektiven und Erkenntnisse aus dem privaten und beruflichen Bereich.

201 Seiten, Paperback, ISBN 978-3-95933-036-7
Auch als E-Book erhältlich.